交通运输综合实验指导

温惠英 赵 胜 编著

图书在版编目（CIP）数据

交通运输综合实验指导 / 温惠英，赵胜编著. —广州：华南理工大学出版社，2022.4
　　ISBN 978-7-5623-6959-2

Ⅰ.①交…　Ⅱ.①温…②赵…　Ⅲ.①交通运输-实验-高等学校-教学参考资料　Ⅳ.①U-33

中国版本图书馆CIP数据核字（2021）第270637号

JIAOTONG YUNSHU ZONGHE SHIYAN ZHIDAO
交通运输综合实验指导

温惠英　赵　胜　编著

出 版 人：柯　宁
出版发行：华南理工大学出版社
　　　　　（广州五山华南理工大学17号楼，邮编510640）
　　　　　http://hg.cb.scut.edu.cn　E-mail: scutc13@scut.edu.cn
　　　　　营销部电话：020-87113487　87111048（传真）
策划编辑：范亚玲
责任编辑：朱彩翩
责任校对：刘惠林
印 刷 者：广州小明数码快印有限公司
开　　本：787mm×1092mm　1/16　印张：9.25　字数：195千
版　　次：2022年4月第1版　2022年4月第1次印刷
定　　价：49.00元

版权所有　盗版必究　　印装差错　负责调换

前 言

"交通运输综合实验"是面向道路交通运输专业开设的一门综合性实践类课程，旨在培养学生综合运用所学专业知识及专业技能解决实际交通问题的能力。本课程围绕交通问题的基本分析思路，介绍交通问题解决技术路径及实现方法，实验内容涵盖交通调查与分析、交通规划、交通仿真、交通管理与控制、MySQL交通数据库等核心知识，具体内容如下：

第一章介绍交通调查实验及其分析方法，主要包括交通量、车速、密度、通行能力、行车延误、起讫点、车辆停放、公共交通、行人交通等内容的调查方法及数据分析方法。

第二章为交通规划实验，主要包括线层建模、面层建模、交通期望线生成、交通分布、交通分配、结果分析。

第三章为交通仿真实验，主要包括VISSIM（一种微观的、基于时间间隔和驾驶行为的仿真建模工具）基本操作、路网建模实验、交通模拟实验、交通信号控制仿真、公交仿真、行人仿真、3D模型构建、交通检测及数据采集仿真、交通评价分析。

第四章为交通管理与控制实验，主要包括特定交通场景下的控制算法设计实验、交通信号控制实验箱基本操作方法、运用交通信号控制实验箱实现单点信号控制实验、运用交通信号控制实验箱实现干道协调控制实验。

第五章为交通数据库实验，主要包括MySQL数据库（一个关系型数据库管理系统）的安装使用、简单MySQL数据库语言的应用、数据库的创建应用与维护。

在本书编写过程中，曹正、区俊峰、叶奕辰、刘浩、高天翔等研究生对实验案例实现、实验步骤校验等方面开展了大量工作，马莹莹副教授、刘建荣老师、林永杰老师提供了大量实验素材，在此表示衷心感谢！

由于水平有限，书中难免有不足之处，恳请广大读者批评指正。

编著者
2021年11月

目录
CONTENTS

第一章　交通调查与分析实验 ·· 001

实验一　交通量调查 ·· 001
（一）实验目的 ··· 001
（二）实验内容 ··· 001
（三）实验方法与步骤 ··· 001

实验二　车速调查 ·· 006
（一）实验目的 ··· 006
（二）车速调查方法 ··· 006
（三）地点车速调查方法与步骤 ··· 007
（四）地点车速调查数据整理与分析 ··· 008
（五）区间车速调查方法与步骤 ··· 009

实验三　密度调查 ·· 010
（一）实验目的 ··· 010
（二）实验方法及步骤 ··· 010

实验四　通行能力调查 ··· 014
（一）实验目的 ··· 014
（二）连续通行路段的调查方法与步骤 ·· 014
（三）交叉信号口的调查方法与步骤 ··· 016

实验五　行车延误调查 ··· 018
（一）实验目的 ··· 018
（二）实验内容 ··· 018
（三）实验方法及步骤 ··· 018

实验六　起讫点调查 ·· 022
（一）实验目的 ··· 022

（二）实验内容 ··· 023
　　（三）实验方法 ··· 023
　　（四）实验步骤 ··· 024

实验七　车辆停放调查 ·· 025
　　（一）实验目的 ··· 025
　　（二）实验内容 ··· 025
　　（三）实验方法及步骤 ·· 026

实验八　公共交通调查 ·· 027
　　（一）实验目的 ··· 027
　　（二）实验内容 ··· 028
　　（三）实验方法及步骤 ·· 028

实验九　行人交通调查 ·· 030
　　（一）实验目的 ··· 030
　　（二）实验内容 ··· 031
　　（三）实验方法及步骤 ·· 031

第二章　交通规划实验 ·· **036**

实验一　TransCAD的简单应用 ·· 036
　　（一）实验目的 ··· 036
　　（二）实验内容及基础数据 ·· 036
　　（三）实验方法与步骤 ·· 040

实验二　华南理工大学五山校区路网以及小区的交通仿真和分配 ························ 051
　　（一）实验目的 ··· 051
　　（二）实验内容及基础数据 ·· 051
　　（三）实验方法与步骤 ·· 053

目 录
CONTENTS

第三章　交通仿真实验 ··· **065**

实验一　VISSIM交通仿真的基础操作及简单应用 ··065
（一）实验目的 ···065
（二）实验内容 ···065
（三）实验方法与步骤 ··065

实验二　VISSIM行人仿真及公交仿真 ···077
（一）实验目的 ···077
（二）实验内容 ···077
（三）实验方法和步骤 ··077

第四章　交通管理与控制实验 ·· **085**

实验一　交通信号控制实验箱基本操作 ···085
（一）实验目的 ···085
（二）实验要求 ···085
（三）实验内容 ···086

实验二　单点信号控制实验 ··086
（一）实验目的 ···086
（二）实验要求 ···086
（三）实验内容 ···087

实验三　交通信号控制机软件操作 ···087
（一）实验目的 ···087
（二）实验要求 ···088
（三）实验内容 ···088

实验四　双向绿波协调控制 ……………………………………………… 088
(一)实验目的 ………………………………………………………… 088
(二)实验要求 ………………………………………………………… 089
(三)实验内容 ………………………………………………………… 089

实验五　交通信号控制机基本操作 …………………………………… 090
(一)实验目的 ………………………………………………………… 090
(二)实验要求 ………………………………………………………… 090
(三)实验内容 ………………………………………………………… 090

实验六　交通信号控制机控制实验 …………………………………… 091
(一)实验目的 ………………………………………………………… 091
(二)实验要求 ………………………………………………………… 091
(三)实验方法及步骤 ………………………………………………… 091

第五章　MySQL 交通数据库实验 …………………………………………… 102

实验一　熟悉 MySQL 的安装、使用环境及其基本工具的使用 ……… 102
(一)实验目的 ………………………………………………………… 102
(二)实验内容 ………………………………………………………… 102
(三)实验方法与步骤 ………………………………………………… 102

实验二　MySQL 数据库的创建和管理 ………………………………… 122
(一)实验目的 ………………………………………………………… 122
(二)实验内容 ………………………………………………………… 122
(三)实验方法与步骤 ………………………………………………… 122

实验三　MySQL 表的创建和管理 ……………………………………… 127
(一)实验目的 ………………………………………………………… 127
(二)实验内容 ………………………………………………………… 127

  （三）实验方法与步骤 ·· 128

实验四　MySQL 表数据的简单查询 ·· 132
  （一）实验目的 ··· 132
  （二）实验内容 ··· 132
  （三）实验方法与步骤 ·· 132

实验五　MySQL 表数据的维护 ·· 133
  （一）实验目的 ··· 133
  （二）实验内容 ··· 133
  （三）实验方法与步骤 ·· 133

第一章 交通调查与分析实验

实验一 交通量调查

（一）实验目的

（1）通过对同一地点的长期连续性观测，掌握交通量的时间分布规律，为交通量预测提供资料。

（2）根据多次间歇性观测的结果，掌握交通量的空间分布规律，为全面了解交通情况做准备。

（3）通过全面了解交通流量的分配现状，预测未来的交通量，为制订交通规划、道路网规划、道路技术等级等一系列方案提供依据。

（4）通过大量的交通量、车速等调查，为信号配时、区域交通控制系统的各种控制方案提供参考数据。

（二）实验内容

（1）特定地点交通量调查：以研究和编制交通组织管理、信号控制为主要目的，对特定地点（交叉口、基本路段、交通出入口）的交通量进行调查。

（2）区域交通量调查：以获取某一区域交通量空间、时间分布和大小变化特征为目的，在区域的很多交叉口和路段设置交通量调查点。

（三）实验方法与步骤

1. 调查地点的选择

交通量调查地点根据需要选择，一般需要调查的地点包括：

（1）交叉口之间的平直路段，可获取路段流量。

（2）交叉口（交叉口各入口引道上的停车线），可获取交叉口各流向交通流量。

（3）交通枢纽、交通设施的出入口（流通中心、大型停车场等），可获取交通枢

纽、交通设施出入口的交通流量。

2. 调查时间的选择

调查时间应随调查目的的不同而不同，常采用的时间区间如下：

（1）24 h观测：掌握一天中交通量的变化。

（2）16 h观测：掌握包括早、晚高峰在内的一天之内的大部分时间交通量变化情况，一般于6点至22点进行。

（3）日间12 h观测：掌握一天中白天大部分时间的交通量变化状况，一般从7点至19点进行。

（4）高峰小时观测：掌握早晚高峰小时交通量的变化情况，一般于上下午高峰时间范围内进行1～3 h的连续观测。

3. 调查实施的程序、方案说明书的主要内容及调查方法

1）交通量调查实施的程序

交通量调查实施的程序一般包括：

（1）接受交通量调查任务，明确调查目的，确定应提交的成果内容。

（2）拟定交通量调查方案。

（3）确定具体的调查内容，时间、方法及所需工具等与实施交通量调查有关的细节。

（4）组织人力开展交通量调查。

（5）汇总、整理材料。

（6）对所获得的数据进行归纳、分析。

2）交通量调查方案说明书的主要内容

交通量调查方案说明书的主要内容：

（1）调查目的和用途。

（2）拟调查区域或路线的情况。

（3）观测站在平面图上的位置。

（4）观测车辆的车种和分类。

（5）拟定调查时间和周期的说明。

（6）观测仪器。

（7）人员配备及分工。

（8）其他调查用具配备规格和数量。

（9）记录表格的形式和要求。

（10）调查资料整理方法和格式、图表要求及内容、交通量计数单位和精度等。

3）调查方法

下面介绍人工计数法、浮动车法和录像法。

（1）人工计数法。

①制订调查计划，在地图上标定观测点。

②编制观测记录表，如表1-1所示。

表1-1 交通量观测记录表

日期：_____年___月___日	交叉口/路段名称：
时间：___点___分~___点___分	方向：
星期___上下午 天气（晴）（多云）（雨）	观测员：

时间	车型				
小计					

注：按调查时间间隔划分，可每隔15 min或10 min计数一次，如用于通行能力的调查，则以5 min的间隔为好。

③组织一个或几个调查人员在指定交叉口或路段进行观测，使用的工具包括计时器（秒表、手表或手机），手动计数器和记录用的记录板、纸笔以及反光衣。

观测内容：

a. 分类车辆交通量。

b. 车辆在某一行驶方向、某一车道（内侧、外侧、快车道、慢车道）上的交通量，双向总交通量。

c. 交叉口各入口引道上的交通量及每一入口引道各流向（左转、直行和右转）交通量，各出口交通量和交叉口总交通量。

d. 非机动车交通量和行人交通量。

（2）浮动车法。

①需要一辆测试车，要能够容纳足够的调查人员，避免使用特殊车辆，以免影响调查结果。

②编制浮动车法调查记录表，如表1-2所示。

表1-2　浮动车法调查记录表

地点：		距离：		天气：			
日期：＿＿＿年＿＿月＿＿日		星期＿＿上下午		调查人：			
行车方向	观测次数	对向驶来车辆数 X	超越测试车的车辆数 Y_1	测试车超越的车辆数 Y_2	$Y_c=Y_1-Y_2$	行程时间 t	
						＿min＿s	换算为min
测试车行驶方向：A→B	1						
	2						
	3						
	4						
	5						
	6						
	均值						
测试车行驶方向：B→A	1						
	2						
	3						
	4						
	5						
	6						
	均值						

③调查人员需要一人记录与测试车对向驶来的车辆数，一人记录与测试车同向行驶的车辆中被测试车超越的车辆数和超越测试车的车辆数，另一人报告和记录停驶时间。

④行驶距离可设置里程碑或从地图读取，驾驶测试车沿调查路线往返12～16次（6～8个来回）。根据美国国家城市委员会的规定，测试车速度一般为：主路3.2 km/h，次路4.8 km/h。

⑤调查数据计算。根据调查观测的数据，按以下介绍的公式计算各量：

a. 路段待测方向交通量 q_c：

$$q_c = \frac{X_a + Y_c}{t_a + t_c} \tag{1-1}$$

式中　q_c——路段待测方向交通量（单向），辆/min；

X_a——测试车逆测定方向行驶时，朝测试车对向行驶（即顺测定方向）的来车数，辆；

Y_c——测试车在待测定方向上行驶时，超越测试车的车辆数减去测试车超越的车辆数（即相对测试车顺测定方向的交通量），辆；

t_a——测试车沿着与待测定方向相反的方向行驶的时间，min；

t_c——测试车顺着待测定方向行驶的时间，min。

b. 平均行程时间 $\bar{t}_c$：

$$\bar{t}_c = t_c - \frac{Y_c}{q_c} \tag{1-2}$$

式中　$\bar{t}_c$——测定路段的平均行程时间，min。

c. 平均车速 $\bar{v}_c$：

$$\bar{v}_c = \frac{l}{\bar{t}_c} \times 60 \tag{1-3}$$

式中　$\bar{v}_c$——测定路段的平均车速（单向），km/h；

l——测定路段长度，km。

（3）录像法。录像法指利用录像机（摄像机、照相机、手机等）作为便携式记录设备，通过一定时间的连续录像给出一定时间间隔的或连续的交通流详细资料的方法。根据录像所需要的观测范围和要求，设计录像机的高度。将录制好的录像重新播放，按照一定时间间隔利用人工来统计流量。

此方法的优点是现场所需人员较少，资料可长期重复利用；缺点是整理资料工作量巨大，花费人工多，费用高。

4. 调查数据的整理与分析

（1）绘制交叉口、路段的流量图。

（2）绘制交通量变化图（周变化、日变化、小时变化……）。

（3）计算交通量变化特征参数。

①月平均日交通量（MADT）。

②年平均日交通量（AADT）。

③平均日交通量（ADT）。

④月变系数。

⑤周变系数。

⑥日变系数。

实验二　车速调查

（一）实验目的

1. 地点车速调查的目的

（1）掌握某地点车速分布规律及速度变化趋势。
（2）为交叉口设计提供参数依据。
（3）为交通事故分析提供资料。
（4）为限制道路车速提供参考数据。
（5）为设置交通标志提供依据。
（6）为交通流理论研究提供重要参数。

2. 区间车速调查的目的

（1）掌握道路交通现状，作为评价道路服务水平的主要指标。
（2）作为路线改善设计的依据。
（3）作为交通规划中路网交通流量分配的重要依据。
（4）作为交通管理措施和信号配时的依据。
（5）通过工程措施改善前后该区间车速的调查，判断工程措施改善后的效果。
（6）作为交通流理论研究的重要参数。

（二）车速调查方法

车速的大小由距离和时间决定，在实际的车速调查中，一般先将距离事先测定，使其成为一个定量，然后通过观测车辆通过固定距离所用时间来计算车速。

车速调查方法可分为人工测量法和自动观测法。人工测量法是事先选取测速地点，量取一定的距离，用计时器测定车辆行驶于该距离所需要的时间，从而计算得到车速；自动测量法通常无需固定距离，而是同时对距离和时间测定，通过仪器计算，得到车辆的速度。常使用的仪器有雷达测速仪、光感测速仪、气压测速仪等。结合本科教学实验条件，在此只介绍人工测量法。

（三）地点车速调查方法与步骤

1. 调查地点的选择

（1）速度调查应选择视线开阔的直线路段，应距离交叉口有一段距离，避免交通标志、交通信号灯、公交站点和道路交叉的影响。

（2）实施车速限制时，观测点设置在限速的地点、路段。

（3）为确定信号控制而调查车速时，调查地点应选在控制范围内，且不受其他信号影响。

（4）用于交通事故分析时，调查地点应选择事故多发地，并避免仪器和调查人员对驾驶员的影响。

2. 调查时间选择

调查时间要根据实验目的来选择，具有典型代表性，例如，为了研究非机动车对机动车车速的影响，要选择非机动车流量较大的时间段。若无特殊说明，一般避开高峰期和休息日等交通异常的时间。

3. 调查样本的选择

（1）交通流畅通的条件下选择有代表性的随机样本。

（2）当车流以车队行进，无超车现象时，选择首车的车速。

（3）避免选择过多高速车辆。

4. 人工测速法

（1）选取调查地点。

（2）取得调查工具，通常采用秒表测速。

（3）测量一小段距离L，在两端做标记。

（4）观测员用秒表测定车辆通过前后两标记的时间，并在记录表上记录距离、车型及通过两标记的时间。瞬时车速记录表如表1-3所示。

（5）整理计算得到地点车速。

表1-3 瞬时车速记录表

日期_____ 星期_____ 天气_____ 记录者_____

起讫路线_____至_____ 起讫时间_____至_____ 时间间隔_____

车种	t_1	t_2	$\Delta t = t_2 - t_1$	$v = \dfrac{S}{\Delta t}$

（四）地点车速调查数据整理与分析

1. 地点车速频率分布表

经整理得出地点车速频率分布表，如表1-4所示。

表1-4 地点车速频率分布表

速度分组	组中值 v_1	观测频数 f_i	累计频数 F	观测频率/%	累计频率/%

第一列为速度分组，将较多的样本按照分组进行简化，一般分为8～20组。分组数确定后，用样本内最大车速减最小车速得到极差，极差除以分组数减1得到组距，取整数。

第二列为组中值，是一个分组的中心数值。

第三列为观测频数，把观测值按组归纳后，统计出各组的车速频数。各组频数之和等于观测得到的样本容量。

第四列为累计频数，最后一行的累计频数等于总样本量。

第五列为观测频率。各组频数除以样本总数即为各组频率，各组频率之和等于1。

第六列为累计频率，最后一行累计频率等于1。

2. 绘制频率分布直方图

将频率分布表绘制成频率分布直方图。（略）

3. 绘制累计频率曲线（略）

4. 几个重要的速度值

（1）85%位车速：在样本中有85%的车辆未达到的车速，即在累计车速分布曲线中，累计频率为85%时的相应车速。

（2）15%位车速：在样本中有15%的车辆未达到的车速，即在累计车速分布曲线中，累计频率为15%时的相应车速。

（3）50%位车速：中位车速，当车速的分布属于正态分布时，该车速为平均车速。

（五）区间车速调查方法与步骤

1. 调查地点

（1）区间车速调查一般选择主要交叉口之间无大量出入车辆的路段，起点与终点设置在不拥堵的地点。

（2）调查结果若作为交通管理的依据，则调查区间应选择在管辖区域。

（3）调查目的若为评价交通措施的效果时，则在采取措施前后对相同路段进行调查。

2. 调查时间

调查时段可分为上下午高峰和白天夜晚非高峰四个时段，避开节假日与不良天气。进行对比调查时，应保证季节、天气、时间等相同。

3. 牌照法

（1）选择调查路段，在调查路段的起点与终点设置观测点。

（2）观测人员分别记录通过观测点的车辆类型、牌照号码（后三位）、车辆到达时间，调查表如表1-5所示。

（3）将起、终点两处观测点记录的车型和牌照号进行对比，选出相同的牌照号码，通过起点、终点断面的时间差为行程时间，将路段距离除以行程时间，得到区间车速。

4. 浮动车法

参考实验一交通量调查的浮动车法。

表1-5 牌照法车速调查表

道路名称：_____		起始时间：_____		日期：_____	
起点：_____ 终点：_____		观测者：_____		天气：_____	
车辆类型	牌照号码	起点时间 t_1	终点时间 t_2	行程时间 t_2-t_1	区间车速 v

实验三　密度调查

（一）实验目的

仅用交通量等参数难以全面描述交通流的实际状态，当交通量数量很小时，既可能是车辆数很少、路面空旷，也可能是交通严重拥堵，通过对密度的测定，可以直观地判断拥挤程度。

（二）实验方法及步骤

1. 出入量法

出入量法是一种通过观测起终点断面的通过车辆数，以获得中途无出入车辆的区段内现有车辆数，计算区段的交通密度。

选取调查路段，如图1-1所示，某一时刻 A 处的交通量为同一时刻 AB 区间内新增加的车辆数；则 B 处的交通量为 AB 区间内减少的车辆数。AB 区间内车辆数的变化值应等于入量与出量之差。

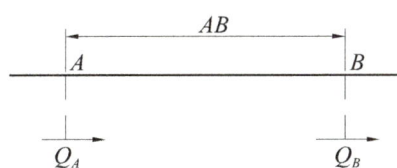

图1-1 出入量法AB区间示意图

在已知AB区间原始车辆数的前提下，即可求得每单位时间实际车辆数，则在t时刻的密度可由下式表示：

$$E_{(t)} = Q_{A(t)} + E_{(t_0)} - Q_{B(t)} \tag{1-4}$$

式中 $E_{(t)}$——在t时刻AB区间内的车辆数；

$Q_{A(t)}$——从观测开始到t时刻通过A处的累加交通量；

$E_{(t_0)}$——在观测开始的t_0时刻，AB区间内的原始车辆数；

$Q_{B(t)}$——从观测开始到t时刻通过B处的累加交通量。

2. 试验车法

（1）选定调查区间，在区间的两端用录像机或流量观测仪测定通过的车辆数。

（2）为了记录试验车通过区间两端的时刻，必须在试验车上标定特殊的记号，若采用流量仪进行测定，当试验车通过两端时，要输入信号在记录纸上做记号；若采用录像机，则要对准特殊记号摄影，以记录测试车通过的时刻。

（3）原始车辆数的测定。试验车跟随车流通过A处的时刻为t_0，通过B处的时刻为t_1，则从t_0到t_1这段时间内通过B处的车辆q_B，即为t_0时刻AB区间内的原始车辆数。然而这一关系只有在试验车既不超车也不被超车的情况下才成立。否则，应按照下式计算：

$$E_{(t_0)} = q_B + a - b \tag{1-5}$$

式中 $E_{(t_0)}$——在t_0时刻AB区间内的车辆数；

q_B——从t_0到t_1时间内通过B处的车辆数；

a——测试车超车数；

b——测试车被超车数。

同理，t_1时刻AB区间内的原始车辆数可按下式计算：

$$E_{(t_1)} = q_A + a - b \tag{1-6}$$

式中 $E_{(t_1)}$——在t_1时刻AB区间内的车辆数；

q_A——从t_0到t_1时间内通过A处的车辆数；

a——测试车超车数；

b——测试车被超车数。

（4）编制调查表格，如表1-6所示。

表1-6　用试验车法测定密度汇总表

时间	① A处交通量	② B处交通量	③ 变化量 ②-①	时刻	④ 原始车辆数	⑤ 现有车辆数	⑥ 调整值	⑦ 修正值	⑧ 瞬时密度	⑨ 平均密度	试验车
~											
~											
小计											
~											
~											
小计											
~											
~											
小计											

日期：_____　时间：_____　区间及方向：_____
天气：_____　区间长度：_____　调查员：_____

a. 将调查日期、时间、天气、区间长度及调查员填入表中。

b. 将A处及B处的各测定时间范围内的交通量分别记入①、②栏。试验车通过A、B两处的时刻，通常不是测定时间范围的起讫点，故此时记录A、B两处单位时间内的交通量时，要将表中的格子一分为二，分别记下在单位时间内试验车通过前和通过后的交通量。

c. 在试验车一栏，除记录试验车通过的时刻外，还要记录试验车的超车数a及被超车数b，并计算$a-b$。

d. 计算A、B两处交通量之差，并记入第③栏，表示AB区间内现有车辆的变化。

e. 第④栏填写试验车自A到B这段时间范围内的AB区间的原始车辆数。

f. 第⑤栏为任一时刻AB区间的车辆数。由上一栏求得的车辆数加上经过单位时间后的车辆变化量，即得到相应时刻AB区间的车辆数。

g. 第⑥栏为调整值，是按公式计算得到的理论数据与通过表中记录数据推算得出的数据的差值。

h. 现有车辆数加上调整值即为第⑦栏的修正值。

i. 第⑧栏瞬时密度=修正值（辆）÷测定区间长度（km）。

j. 每一统计时间内的平均密度填入第⑨栏中，统计时间通常取5 min或10 min。

3. 车辆牌照法

（1）选定调查区间。

（2）在基准时刻开始在区间 AB 的两端用动态录像机或秒表测定每辆车的到达时间。

（3）记录每辆车的牌照，若记录完整牌照有困难，则只记最后三位数。若采用动态录像机，需要拍摄下每辆车的牌照，现场观测资料记录表如表1-7所示。

表1-7　现场观测资料记录表

车序	1	2	3
	车辆牌照号	车辆到达 A 处的时刻	车辆到达 B 处的时刻
1		____min____s	____min____s
…		…	…
…		____min____s	____min____s

（4）用车辆牌照法测定原始车辆数：基本原理同试验车法，不同之处在于车辆牌照法可以通过记录的时间、车辆对超越车和被超越车进行推算，每一辆车都可以作为"试验车"。

（5）将现场观测资料填入记录表中，第1栏为车辆牌照号，第2、3栏为车辆到达 A、B 两处的时刻。

（6）将调查日期、时间、区间及方向、天气、区间长度以及调查员填入用车辆牌照法测定密度汇总表，如表1-8所示。

（7）密度汇总表第1栏为时刻，第2栏为 B 处流量值，第3栏为试验车超车数，第4栏为试验车被超车数，均从资料表中推算得出。

（8）通过试验车法公式计算得出测定区间现有车辆数，填入第5栏中。

（9）第6栏瞬时密度 = $E_{(t_0)}$ ÷ 测定区间长度（km）。

（10）第7栏为平均密度，一般以 5 min 为统计时长的平均密度。

表1-8　用车辆牌照法测定密度汇总表

日期：_____		时间：_____		区间及方向：_____		
天气：_____		区间长度：_____		调查员：_____		
1	2	3	4	5	6	7
时刻	B 处流量	试验车超车数	试验车被超车数	现有车辆数	瞬时密度	平均密度
…						
…						
…						

4. 地面高处摄影法

（1）使用动态录像仪在高处进行摄影。

（2）测定区间的长度视地区内的状况和周围条件而变化，一般为 50～100 m。

（3）摄影时间间隔依测定区间长度而异。区间长度为50～100 m时，摄影间隔可用1画面/(5～10 s)。若需详细分析交通量，为了保证观测的正确性，要缩短摄影间隔，一般取1画面/s。若在高速公路上观测，由于车速快，可取2画面/s。

（4）在道路上标明每台录像机所摄范围的道路区间长，一般有两处标记即可。若对精度要求不高时，可利用车道分隔线的段数、电线杆或护栏支柱等作为参照物。

（5）数据整理分析：根据现场观测结果计算密度。在各条录像带的每一画面中，读取摄影观测区间存在的车辆数，计算总观测时间内区间的平均车辆数，用区间长度求得单位千米长度内存在的车辆数，即密度，见下式：

$$K = \frac{\sum_{i=1}^{n} K_i}{n} \times \frac{1}{L} \tag{1-7}$$

式中　n——总计时间内，胶卷上读取存在车辆数的画面数，$n = T/\Delta T$；

　　　T——总计时间，s；

　　　Δt——读取存在车辆数的时间间隔，s；

　　　K_i——在第 i 个画面上测定区间内存在的车辆数，辆；

　　　L——观测区间长度，km。

用地面高处摄影法可以很方便地看出密度随时间的变化情况，在短时间内可以描绘出密度的倾向性变化。

注意事项：

（1）总观测时间大于5 min，可以消除交通的偶然性变化或周期性变化。

（2）测定区间不宜过长，一般不超过100 m，以免影响测定精度。

实验四　通行能力调查

（一）实验目的

（1）了解当前路段、交叉口发生堵塞和拥挤的原因，分析各种不同条件对堵塞的影响。

（2）检验新建或改建道路及交通设施与目前交通需求是否适应。

（3）在对调查资料整理分析的基础上，对提高道路实际通行能力提出建议。

（二）连续通行路段的调查方法与步骤

调查连续通行路段的通行能力要考虑车道分工及车道位置，比如专用车道或混合车道、中间车道或靠右边车道的通行能力。如果靠路边车道设置有公交停靠站，还需调查公交停靠站处的通行能力。除调查道路条件外，还要对交通条件及交通流进行综合调查。通常进行如下方面的调查：

（1）交通量。

（2）车速。

（3）车流密度。

（4）车头间距。

（5）车头时距。

（6）车道利用率。

（7）超车次数。

调查方法主要分为摄影法和非摄影法，采用摄影法调查最为方便，而且可以同时进行上述七项调查，但是摄像机的位置往往受到限制且调查成本较高，后期整理需要大量人力，所以较少采用。采用非摄影法调查时，可以通过测量车速和司机跟车反应时间来计算出通行能力。以下主要介绍车头时距调查和车头间距调查。

1. 车头时距调查

调查地点选在平直路段且不受交叉口停车、加减速、车辆换道及行人过街等的影响。调查的车流为连续行驶的车队。当车队中混有多种车型时，应分别调查各种车型的车头时距。由于车头时距与行驶速度相关性较大，在调查车头时距时，要测量被测车辆的地点车速。车头时距一般有以下调查方法。

1）摄影法

摄影法：通过高处摄影获得录像，由数字画面得到通过原定标志的车辆时距。

2）人工测定法

（1）两名调查员配合进行。

（2）在测定地点预先做好前后相距15～20 m的两个断面的标志。

（3）1人用秒表测定连续车流中首车经过前后两个断面的时间，求得该车队的地点车速。

（4）再连续读其余各车经过第二个断面的时间和车型。

（5）另一位调查员负责记录。

（6）若配备车辆运行情况示波器时只需一人记录，当不同车型的车辆经过断面时，按下不同按键即可在记录纸上记录脉冲，以读取数值。

2. 车头间距调查

在高处进行摄影调查时，预先在路面上按一定距离间隔设置标记，亦可通过测量现场实物来确定距离。摄像机一般高于三层楼房，画面速度根据现场车辆行驶速度和摄像范围大小来决定。市区道路一般取4画面/s，高速公路一般取8画面/s，通常使用16 mm录像带，如需提高精度则使用35 mm录像带。

（三）交叉信号口的调查方法与步骤

停车线法

停车线法的基本思路是车辆通过停车线即为通过路口，将饱和通行能力经修正后得到设计通行能力。所以调查主要集中在对通过某一信号交叉口进口道的饱和车流进行观测和分析上。所谓饱和车流是指在一次绿灯时间内，进口引道上连续通过停车线的最大车流量。

（1）选择观测地点：选择有两条或两条以上入口车道，交通流量大，右转、直行、左转有明确分工的交叉口进口引道。

（2）调查交叉口的几何组成，各进口引道车道数、停车线位置及各车道功能划分情况。

（3）观测信号灯周期时长及各相位时长。

（4）观测交叉口高峰小时交通流量流向分布，将结果填入交叉口状况调查统计表，统计表如表1-9所示。

（5）饱和流量的测定

方法一：统计定周期交叉口进口引道的饱和流量

在绿灯和黄灯期间，以每6 s为一观测单元，记录这些间隔时间内饱和车流通过的车型、车辆数和方向，最后一个间隔一般都小于6 s，因此要列出最后间隔的时长、通过的车辆数和车型。

方法二：统计非定周期饱和流量

将周期分为三个时间间隔，第一间隔为绿灯最初的10s，第二间隔为10s以后余下的绿灯时间，第三间隔为黄灯时间。统计各个间隔饱和连续车流通过停车线的车辆数，然后计算饱和流量。

方法三：用测量车头时距的方法计算饱和流量

观察饱和车流各车辆经过进口引道停车线的时间、车型、色灯变换时间。看准车队最前面的3~5辆车，待他们通过停车线时再开始统计经过的时间与车辆数。在黄灯即将显示前的适当时刻（原待行车辆最后一辆车通过停车线的时刻前后），盯住车队最后一辆车,在其通过停车线的时刻即结束观测。之所以采用这种方法,是因为假定饱和流按一定流率(单位时间内分流的车辆数)行驶,从第3~5辆车开始计算是为了消除由于启动延误带来的时间和统计车辆数的误差。若观测右转车辆,则以连续运行车流不少于5辆作为统计对象。

表1-9　交叉口调查统计表

1.高峰小时交通量	北去			南去			东去			西去		
	直	右	左	直	右	左	直	右	左	直	右	左
小客车												
普通汽车												
大型车												
轻型汽车												
摩托车												
电车												
小计												
2.高峰15 min交通量	北去			南去			东去			西去		
	直	右	左	直	右	左	直	右	左	直	右	左
小客车												
普通汽车												
大型车												
轻型汽车												
摩托车												
电车												
小计												
3.阻塞情况	北去			南去			东去			西去		
	直	右	左	直	右	左	直	右	左	直	右	左
驶入口处于饱和状态时间/min												
饱和流在驶入口出现的次数												
高峰1 h内												
短时间内												
4.行人数	高峰小时内						短时间内					
南北人行横道												
东西人行横道												
表中所填数字的条件(核对)	实际值:_____						核算值:_____					

方法四：摄影观测

观测者应于高处以 1~4 画面 /s 的速度拍摄自交叉口入口引道停车线前 10 m 到出口这一区间内车流的动向及信号显示情况。

实验五　行车延误调查

（一）实验目的

（1）确定延误发生的地点、类型和大小。
（2）利用延误评价道路的服务水平和判定交通拥堵程度。
（3）掌握调查延误的基本方法。
（4）了解延误在交通管理与控制中的作用。

（二）实验内容

（1）路段行车延误调查。
（2）交叉口延误调查。

（三）实验方法及步骤

1. 路段行车延误调查

1）跟车法

观测人员乘坐沿待测路段行驶的测试车，观测并记录行车延误的方法，适用于路段行车延误调查。

（1）记录方式分为人工记录和自动记录。若采用人工记录，需要两名观测员和两块秒表，一人两手各持一块秒表，另一人记录，记录表如表 1-10 所示；若采用自动记录，则只需要一名观测员操控自动记录装置记录行程时间、行程距离、延误等信息。

（2）测试车按照下述方法之一行驶：

①浮动车速法。测试车在交通流中浮动，尽量使其超越的车数和被超越的车数相同。
②平均速度法。测试车按照驾驶员估计的交通流平均速度行驶。
③最大速度法。在没有交通干扰的情况下，按照限制速度（最大速度）行驶。

（3）优先采用最大速度法行驶。在观测开始之前确定待测路段的起点和终点，沿调查路线选择交叉口等控制点并作出标示。

（4）测试车通过路段起点时，人工记录的观测员启动第一块秒表，若采用自动记录法，则启动设备。在测试车经过事先设置的控制点时，记录时间读数。

（5）测试车停车或被迫慢行时，启动第二块秒表，记录每次延误的时间，并同时记录延误产生的地点、时间及产生原因。

（6）测试车通过待测路段终点时，停止第一块秒表的计时，记录下该次测试行程的总时间。

表1-10　跟车法行程时间和延误调查现场记录表

日期：_____	天气：_____	行程编号：_____		
路线：_____	方向：_____			
行程开始时间：_____	地点：_____	里程：_____		
行程结束时间：_____	地点：_____	里程：_____		
控制点		停车或被迫慢行		
地点	时间	地点	延误/s	原因
行程长度：_____	行驶时间：_____	行驶车速：_____		
停驶时间：_____	行程时间：_____	行程车速：_____		
	观测员：_____	记录员：_____		

2）驶入驶出法

此方法只针对瓶颈路段的行车延误调查，前提为车辆的到达与离去均服从均匀分布。

（1）在路段起点、终点各设一名观测员，同时进行调查。

（2）与交通量调查方法相同，以5 min或15 min为间隔观测累计交通量。要求两断面起始时间相同，因此调查开始之前，两断面调查员要统一时间。

（3）当车辆受阻，排队可以超过瓶颈路段起点断面时，要根据实际情况将起点断面位置后移。

（4）若已知该路段通行能力，则瓶颈路段终点断面可不调查，取同一时段待驶出车辆数和通行能力两者的低值即可。

2. 交叉口延误调查

1）调查地点的选择

（1）指定交叉口。了解具体某条道路或某个路网的延误情况，则对有关交叉口进行延误调查。

（2）交通堵塞交叉口。为了了解堵塞多发交叉口的问题所在，提出改善措施，对该交叉口进行延误调查。

（3）某个交叉口的一个或几个入口引道。为了了解经常发生堵塞的交叉口引道的延误情况，则要对引道进行延误调查。要评价整个交叉口的运行效率，则要对该交叉口的各个入口引道进行调查。

2）调查时间

调查时间一般选在天气情况较好、能见度较高的时候，如确有需要，也可在天气不好的情况下进行，调查时间的选取一般分为如下几种情况：

（1）高峰时段延误调查。高峰时段的延误最严重，调查早高峰、晚高峰、机动车高峰、非机动车高峰要根据调查目的来确定。

（2）高峰与非高峰时段延误对比调查。分别在高峰时段与非高峰时段进行延误情况调查，注意除交通条件外其他条件的可比性。

（3）延误的前后对比调查。对采取交通管制措施前后的延误作评价、对比，注意控制其他条件相似。

3）调查方法

交叉口延误调查方法大致分为两类：停车时间法与行程时间法。

（1）停车时间法得到的延误只包括停车时间，不将加速延误与减速延误计算在内。

（2）行程时间法是将观测点之间的行程时间减去自由行驶时间，得到的延误既包括停车延误也包括加速延误和减速延误。

4）点样本法

点样本法是停车时间法的一种。点样本法就是观测在连续时间间隔内交叉口入口引道上停车的车辆数，进而得到车辆在交叉口入口引道上的排队时间。

（1）交叉口每一引道需要4名观测员。其中1人为报时员，2人为观察员，1人为记录员。观察间隔根据实际情况确定，一般取15 s。

(2)观测开始后,报时员手持秒表,每 15 s 报时一次。

(3)第一名观察员在报时后统计停留在入口引道停车线之后的车辆数,并告诉记录员进行记录,记录表如表 1-11 所示。

(4)第二名观察员统计 1 min 内的引道交通量,将停驶车辆与不停驶车辆进行分类统计记录,记录表如表 1-11 所示。

(5)持续进行,直到到达规定时间。

表1-11 点样本法调查交叉口延误现场记录表

交叉口:_____ 引道:_____ 车道:_____
日期:_____ 天气:_____ 观测员:_____

开始时间	在下列时间内停在引道内的车辆数				引道交通量	
	+0 s	+15 s	+30 s	+45 s	停驶车辆	不停驶车辆
小计						
合计						

(6)统计指标:

总延误=总停车数×观测时间间隔(s)

每一辆停驶车辆的平均延误=总延误÷停驶车辆总数(s)

交叉口入口引道上每辆车的平均延误=总延误÷引道总交通量(s)

停驶车辆百分率=停驶车辆总数÷引道总交通量×100%

5)牌照法

牌照法是行程时间法的一种。其通过记录特定车辆的车牌号与其通过引道延误调查段两端的时刻,来获得通过引道实际耗时。

(1)在引道上游选取断面Ⅰ,将交叉口入口引道停车线作为断面Ⅱ,两个断面之间的距离要大于引道延误段,即历史最大排队长度。两断面之间距离一般选取 80~200 m,尽可能长一些。若发现排队长度已达到断面Ⅰ的位置,马上调整。

(2)调查时,1 人持对讲机于断面Ⅰ,负责抽取特定车辆。当拟抽取车辆通过断面

Ⅰ时，将其车牌号、车型等显著特征通过对讲机告知位于断面Ⅱ的观测员并记录下其通过断面Ⅰ的时刻。

（3）断面Ⅱ的一位观测员与断面Ⅰ的观测员通过对讲机联络，接收待测车辆的车牌号等信息并告知其他工作人员。

（4）断面Ⅱ的其他观测员收到信息后马上记录下该车的车牌等明显特征，然后在车流中寻找待测车辆。

（5）当待测车辆通过断面Ⅱ时，马上记录下其通过时刻，记录表如表1-12所示。

（6）当引道通行耗时较短时，断面Ⅱ的人员一次只能记录一辆车的信息。当引道耗时较长时，可同时记录几辆车的信息以节约时间，提高效率。

（7）当需要分流记录延误时，断面Ⅱ的观测员要记录待测车辆通过断面后的去向。

表1-12 牌照法引道时间调查现场记录表

交叉口名称：_____	引道：_____		调查段长度：_____	
日期：_____	时间：_____	天气：_____		记录员：_____

序号	特征	车型	车号	通过断面Ⅰ的时刻	通过断面Ⅱ的时刻	流向	通过调查段时间 s
				___min___s	___min___s		
				___min___s	___min___s		
				___min___s	___min___s		
				___min___s	___min___s		
				___min___s	___min___s		
				___min___s	___min___s		
				___min___s	___min___s		
				___min___s	___min___s		
				___min___s	___min___s		

实验六　起讫点调查

（一）实验目的

（1）通过调查获取OD（起讫点）分布特点，得到交通流量、流向，为未来交通需求预测提供基础数据。

（2）由OD调查、土地利用等资料建立交通预测模型，为交通规划做准备。

（二）实验内容

1. 居民出行调查

居民出行包括城市居民出行和流动人口出行，调查内容包括出行目的、出行方式、出行时间、出行距离、出行起讫点等，是开展交通调查最常见的形式之一。

2. 车辆出行调查

车辆出行调查内容包括车型、营业特点、装载客（货）数、出行目的、出行次数、出发和到达时间、出发地点、经过的主要地点等。

3. 货物流通出行调查

货物流通出行调查分为两部分，一部分是调查货物流通集散点、运输设施能力、停车场地、仓储情况；另一部分是调查货物运输方式、运出量、运入量和货物种类。

（三）实验方法

1. 家访调查法

家访调查法：对居住在调查区内的住户进行抽样家访，由调查员当面了解住户所有家庭成员一天内的出行情况。

2. 表格调查法

表格调查法：将调查表格通过停车场或收费站等车辆集中点发放给机动车驾驶员，调查机动车出行情况。

3. 路边询问法

路边询问法：在主要道路和城市出入口设置调查点，让车辆停下，询问该车出行起讫点和其他出行资料。

4. 明信片调查法

明信片调查法：在不适合停车的情况下，向驾驶员发放明信片进行调查。

5. 车辆牌照法

车辆牌照法：通过观测站记录车辆牌照的方法，调查车辆出行的起讫点。

6. 境界线出入调查法

境界线出入调查法：在调查区域的境界线设置调查站，对穿过该境界线的车辆作流量统计，并对干线车辆进行询问，作为家访调查的补充。

（四）实验步骤

1. 划定调查区域范围

①考虑现有行政区、街道划分；
②考虑出入境交通调查，配合天然地形；
③考虑调查站点的设立；
④考虑城市规划发展的规模。

2. 确定交通小区

①尽可能以用地性质作为划分小区的依据；
②使小区划分与道路网一致，尽可能使小区形心位于路网节点（交叉口和干道）上；
③尽可能使小区划分与行政范围，如街道、居委会、社区等一致。

3. 确定抽样方法和抽样率（略）

4. 调查表格设计

调查表格一般包括三方面内容：
①个人与家庭属性：人口、住址、出行人数、年龄、职业；
②社会经济属性：家庭收入、个人收入、居住条件、拥有交通工具的类型与数量；
③出行属性：调查日出行次数、每次出行起讫点、用地设施、出行目的、交通方式、中转时间、路线、停车情况等。

实验七　车辆停放调查

（一）实验目的

（1）了解停车设施供应情况，包括路边和路外的各类停车场的车位数、设施、管理、收费等。

（2）了解停放车辆的基本特征，包括空间分布、数量、车型、停放时间等。

（3）通过调查，提出改善措施，调整现有停车供应资源以满足需要。

（二）实验内容

1. 停车设施供应调查

1）停车场现状调查

（1）停车容量，指车位数。路边停车容量是指法定车位数。路外停车场容量是指能实际使用的车位数。

（2）停车场地点与位置。

（3）停车场设施的耐久程度、设备情况。

（4）停车场时间限制。

（5）停车场收费标准。

（6）停车场经营管理、归属情况。

2）停车场调查范围

（1）中心商业区调查，包括周边零售点、写字楼等地点。通过现场调查确定周边范围（机动车一般以 150 m 为界，非机动车以 50 m 为界）。

（2）交通集散中心，范围按照自然边界划定，如河流、铁路或主要干线。

（3）典型停放吸引点，包括路外社会停车场、大型公共建筑、体育馆配建停车场等。

2. 路侧停车调查

（1）路侧停车对交叉口入口处车流的影响。对接近交叉口停车线 25 m、50 m 的停车现象进行观测，并录像进行判断。

（2）路侧停车对无交叉口路段车流的影响。对路侧不同停车情况下，测定路段的交通量、车速、密度的变化，分析路侧停车对路段车流的影响。

（3）路侧停车对车行道的影响。路侧停车使得车行道宽度减小，通过测量停车带的宽度量化这种影响。

3. 路外停车调查

路外停车调查主要针对道路系统之外的停车场所，包括社会停车场、公共建筑配建停车场和专用停车场。调查车型分机动车与非机动车。

（三）实验方法及步骤

1. 高处摄影法

选取视线开阔的高处对调查范围进行实况拍照，获取车辆停放情况。

2. 人工实地调查

1）间断式调查法

间断式调查法：调查员在调查区间内巡回行走的同时记录停放车辆的数量和停放方式、分类特征，巡回周期可以是 5 min、10 min、15 min、30 min、1 h 及以上。

间断式调查法又分为记车号调查法与不记车号调查法两种。

①记车号调查法。在间断巡回时间内登记车号，将每次间隔停放时刻用"○"填入表中。当原来停放车辆开走，将观测时刻留作空白；如遇新的停放车辆，按上述顺序填入下一栏。调查表如表1-13所示。

②不记车号调查法。只记录调查区间内的各种停车数量，其记录信息不如记车号调查法丰富。

记车号调查法适用于机动车，不记车号调查法适用于非机动车。

表1-13 记车号间断式调查表

编号	车型	车辆牌照	12:00～14:00不同时间段里累积停留时间/min											
			12:00～13:00						13:00～14:00					
			0	10	20	30	40	50	0	10	20	30	40	50
1	1	××2345	○	○	○	○	○	○	○	○	○	○		
2	1			○	○	○	○	○						
3	1		○	○										

续表1-13

编号	车型	车辆牌照	12:00~14:00 不同时间段里累积停留时间/min											
			12:00~13:00						13:00~14:00					
			0	10	20	30	40	50	0	10	20	30	40	50
4	1		○	○	○									
5	1				○	○	○	○	○					
6	1				○	○	○	○	○	○	○	○		
7	1				○	○	○							
8	1		○	○	○	○	○		○	○				

注：○表示有车，空格表示无车。

2）连续式调查法

连续式调查法：调查员在调查区间内将停放车辆的车型、牌照、开始停放时刻和终止停放时刻记录下来，精度比记车号调查法更为精确，适用于大型写字楼等专业停车场，还可调用停车场道闸系统数据进行信息采集。

3）征询意见调查法

征询意见调查法：直接与停车场车主对话，调查以下内容。
①停放车辆目的；
②停车地点至出行目的地距离；
③停车时长；
④在该地停车频率。

实验八　公共交通调查

（一）实验目的

（1）了解公交客运在线路、方向、时间上的分布情况。
（2）通过调查，记录城市居民公交出行情况的分布资料，分析公交客运需求与运营效率，为公交线网优化提供基础资料。

（二）实验内容

城市公交现状调查主要包括以下几个方面：

（1）公交客运需求现状调查。为全面掌握公交客运需求情况，需组织较大规模的公交客运需求现状调查，主要有两方面内容：高峰小时内线路跟车调查；站点上下客人数调查。

（2）公交车辆调查。公交车辆情况主要从公交公司获得，包括公交车总数量、各种车型的车辆数、每种车型的座位数、载客量以及车辆损耗情况等。

（3）公交现状线网及线路调查。将调查区域按照线路的终点站或起点站分为几个小区，调查某区域公交线网可从调查各个小区线路分布情况入手，包括每条线路的长度、具体走向、公交专用道数量、发车频率和站点总数等。确定小区与小区间的公交线路数量，了解区域内公交线网分布情况，分析公交线路对各小区的连接情况和存在的问题。

（4）站点及场站现状调查。包括站点位置设置、车站形式、经过该站的线路数量、站距、场站面积、车位数等。

（5）主要交通枢纽情况调查。包括常规公交和地铁线衔接现状、公交与公路客运主枢纽衔接现状、公交与铁路客运站衔接情况，主要调查公交与各种枢纽站衔接的公交线路数量、换乘站距及上下车人数。

（6）城市居民调查。通过问卷调查及群众来信，调查城市居民对公共交通现状的看法，以便有关部门针对居民意见完善公交线路方案。

（三）实验方法及步骤

1. 高峰小时线路跟车调查

1）调查内容

①记录所跟公交车到达沿线各站的时间、离站时间；
②记录沿线各站的上下车人数；
③记录沿线各站的车站形式，记录表如表1-14所示。

对各站的上下客抽样询问，包括下车车站、下车是否换乘、上车前是否经过换乘等内容。

表1–14 公交线路跟车调查汇总表

公交线路：_____		行车方向（上行/下行）：_____					调查日期：_____	
星期：_____		天气：_____					调查人：_____	
站名	顺序	站点编码	到站时间	离站时间	上车人数	下车人数	下车站点顺序及换乘情况	
							下车后换乘	下车后不换乘
	1							
	2							
	3							
	4							
	5							
	6							
	7							
	8							

2）调查线路

根据实际情况确定调查线路。

3）调查方法

3人为一组，公交车前门1人统计上车人数和到站时刻、离站时刻，后门1人统计下车人数，协助车内问询，1人负责车内问询。

4）调查时刻及班次

早高峰时段为7:30～8:30，选择始发时间在6:45～7:15之间的班次进行跟车，每条线路单向选择3辆车跟车。

5）调查日期

调查日期为正常工作日。

2. 站点上下客人数调查

选择几处典型站点进行上下客人数调查。

1）调查内容

调查内容：所选站点内指定线路停靠的公交的上下客人数及到站时刻。调查表如表1–15所示。

表 1-15 典型站点上、下客流量调查

站点名：___		调查的公交线路：___		调查日期：___	
星期：___		天气：___		调查人：___	
到达时间	上客数	下客数	到达时间	上客数	下客数

2）调查站点

选择公交线路集中的站点进行调查。

3）调查方法

2人一组负责一个站点的工作：1人负责统计到站时间和下车人数，1人统计上车人数。

4）调查时间

上午6:30～12:30，下午12:30～19:30。

5）调查日期

调查日期为正常工作日。

实验九　行人交通调查

（一）实验目的

（1）通过对行人交通现象的调查，掌握行人交通特性和变化规律。
（2）通过对行人交通现状的调查，发现行人交通存在的问题，做出改善。
（3）为行人交通设施的改善提供基础资料。

（二）实验内容

行人交通调查的内容主要包括：

（1）行人步行调查，指对行人在人行道或沿街道路行走时的调查，包括步行速度、行人流量、行人流率、单位宽度行人流率、行人密度、步幅、步数、步频等调查。根据情况而定，不必逐项调查。

（2）行人过街调查，指对行人穿过街道和交通流时的调查，包括行人过街速度、行人过街等待时间、使用人行横道等情况。

（3）其他行人交通调查，主要涉及行人的安全与管理问题，例如，换乘时下车是否遇到危险，行人遵守交通管制情况。

（三）实验方法及步骤

1. 行人步幅和速度调查

步幅和速度是行人交通调查最基本的数据，行人交通设施及交通信号设置与这两个要素直接相关。

1）调查地点

调查地点根据调查的目的选定，可选择市中心商业区道路两侧的人行道，尽可能避免使行人受到干扰，选择宽度统一、有护栏、无车站的大型公共建筑，如商场、图书馆的人行道。

2）调查时间

选择有代表性的时段，如上午 9:00～11:00，下午 14:00～16:00，根据季节可适当调整。

3）调查方法

每组成员两人：一人手持计时器与计数器，负责计时与统计步数；一人使用皮尺量取观测距离，一般取 30 m 等便于计算的长度，不宜过短。

调查时先将行人分类，一般分为五类：男性中青年、男性老年、女性中青年、女性老年、儿童。调查过程中，选取便于观测的地点对行人进行随机抽样调查，当行人进入观测范围时开始计时，并对其步数进行计数，当其越过终点时，停止计时计数，记录结果，调查表如表 1-16 所示。

表 1-16　行人步幅和速度调查表

地点：＿＿路＿＿侧		观测距离：＿＿m						天气：＿＿＿＿	
日期：＿＿＿＿		星期：＿＿＿＿						调查人：＿＿＿＿	
序号	步幅		速度		行人类别			行人走向	调查时段
	步数	步幅 cm	时间 s	速度 m/min	男		女		
					中、青	老	中、青	老	儿童		
1										
2										
3										
4										
5										
⋮										
n										

2. 行人流量调查

1）调查地点和时间

与行人步幅和速度调查相似，避免选择对行人流量有重大影响的地点，如出入口等地。若需要对特定时段的高峰流量进行统计，可专门选择体育馆等大型公共建筑。

2）调查方法

3 人分为一组，负责一个断面或路段。需要统计两个方向的行人流量时，一个方向分配一人，配备计数器、记录板、测距用皮尺等工具；另一人手持电子表进行计时。

调查行人流率时，1 min 记录一次，可简便地算出单位行走宽度上的行人流率；调查行人流量时，调查时段可划分为 5 min 记录一次，以 15 min 为单位输出结果。每次调查都要测量人行道断面的宽度，记录表如表 1-17 所示。

表1-17 行人流量调查表

地点：___路___侧	人行道宽度：___m	天气：_____	
日期：_____	星期：_____	调查人：_____	
时段	向___流量/人	向___流量/人	备注
合计			

3. 过街行人调查

1）调查地点

调查地点可选在交叉口各入口人行横道或街道路段的人行横道，也可对人行天桥和人行地下通道的行人进行调查。

2）调查时间

选择有代表性的时段，如上午9:00~11:00、下午14:00~16:00，根据季节可适当调整。

3）调查方法

每组成员2~3人，负责一条人行横道的调查。调查时先将行人分类，一般分为五类：男性中青年、男性老年、女性中青年、女性老年、儿童。调查过程中，选取便于观测的地点对行人进行随机抽样调查。

一人手持计时器与计数器，负责计时与统计，当行人从一侧路缘石进入人行横道时，开始记录，直至行人从另一侧路缘石离开人行横道，记录总用时及其走向；同时统计行人受阻时间、信号灯相位，记录表如表1-18所示。

表1-18 过街行人调查表

日期：_____ 星期：_____ 天气：_____ 调查地点：_____

人行横道长度：___m 宽度：___m 人行横道编号：_____ 调查人：_____

调查时段	行人种类					走向		信号相位		过街行人情况			行人受阻状态		备注
	男		女		儿童	向—	向—	绿灯	红灯	过街历时 s	行走时间 s	受阻时间 s	非机动车	机动车	
	中、青	老	中、青	老											

4. 过街行人流量调查

1）调查地点

调查地点可选在交叉口各入口人行横道或街道路段的人行横道，也可对人行天桥和人行地下通道的行人进行调查。

2）调查时间

选择有代表性的时段，如上午9:00～11:00、下午14:00～16:00，根据季节可适当调整。

3）调查方法

2～3人一组，负责一条人行横道的调查，配备1块秒表、2个计数器、皮尺、记录板等工具。调查方法同行人流量调查类似，每个流向要分配一个调查员，调查表如表1-19所示。

表1-19 过街行人流量调查表

地点：___路___侧	人行道宽度：_____m	天气：_____	
日期：_____	星期：_____	调查人：_____	
时段	向____流量/人	向____流量/人	备注
合计			

第二章　交通规划实验

实验一　TransCAD的简单应用

(一)实验目的

(1)能够在指导下安装宏观交通规划软件TransCAD(学生版),熟悉软件的操作界面和主要功能及相关窗口的表达含义。

(2)能够应用软件进行简单的交通规划设计,包括建立路网图、建立交通小区图、输入路网路段属性信息、进行交通分配等,能够输出结果并进行简单分析。

(二)实验内容及基础数据

利用TransCAD软件进行某城市M片区路网建模、分区、OD数据录入,以及交通分配,并进行运行结果的分析。基础数据如下:

(1)M片区路网图和交通区划分图(见图2-1、图2-2)。

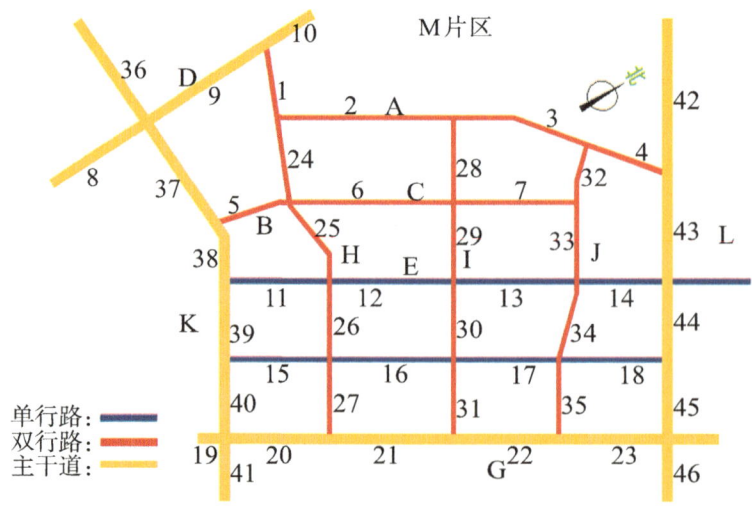

图2-1　M片区路网图

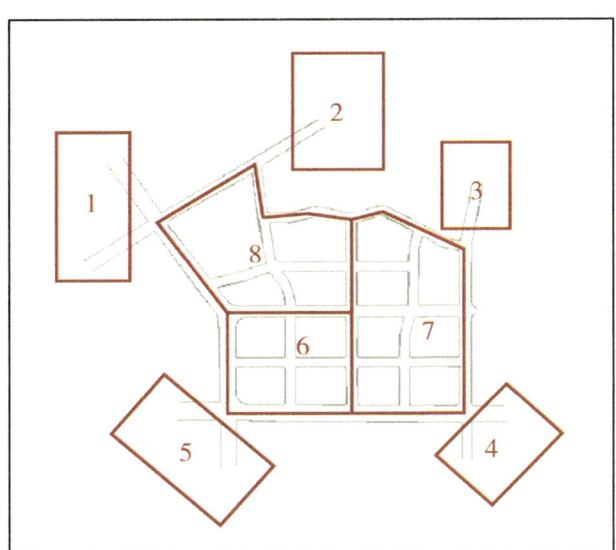

图2-2 M片区交通区划分图

（2）M片区道路基础数据（见表2-1、表2-2）。

表2-1 M片区道路基础数据（南北向道路）

道路名称	路段	长度/m	宽度/m	速度/(km/h)	通行能力/(pcu/h)	高峰时段流量 pcu/h	
						由南往北	由北往南
	2	310	8	30	300	366	324
	3	260	8	30	300	212	330
	4	200	8	30	300	—	—
B	5	260	8	30	300	216	194
C	6	260	8	30	300	204	222
	7	200	8	30	300	204	222
D	8	360	18	40	1500	1200	762
	9	360	18	40	1500	1200	762
	10	360	18	40	1500	1200	762
E	11	230	12	35	1500	900	—
	12	310	12	35	1500	900	—
	13	280	12	35	1500	900	—
	14	180	12	35	1500	900	—

续表2-1

道路名称	路段	长度 m	宽度 m	速度 km/h	通行能力 pcu/h	高峰时段流量 pcu/h	
						由南往北	由北往南
F	15	230	8	30	400	—	300
	16	310	8	30	400	—	300
	17	260	8	30	400	—	300
	18	200	8	30	400	—	300
G	19	230	30	60	2000	1226	1388
	20	230	30	60	2000	1226	1388
	21	310	30	60	2000	1300	1300
	22	260	30	60	2000	1300	1300
	23	200	30	60	2000	1256	1226

表2-2　M片区道路基础数据（东西向道路）

道路名称	路段	长度 m	宽度 m	速度 km/h	通行能力 pcu/h	高峰时段流量 pcu/h	
						由东往西	由西往东
H	1	160	8	30	400	174	167
	24	190	8	20	200		
	25	180	8	30	200		
	26	180	8	30	200		
	27	170	8	30	200		
I	28	170	8	30	200	147	202
	29	170	8	20	200		
	30	190	8	30	200		
	31	160	8	30	200		
J	32	120	8	30	200	234	312
	33	180	8	30	300		
	34	180	8	30	300		
	35	180	8	30	500		
K	36	300	28	60	2000	1500	1500
	37	300	28	60	2000	1500	1500

续表2-2

道路名称	路段	长度 m	宽度 m	速度 km/h	通行能力 pcu/h	高峰时段流量 pcu/h	
						由东往西	由西往东
K	38	120	28	60	2000	1500	1500
	39	170	28	60	2000	1500	1500
	40	170	28	60	2000	1740	1436
	41	170	28	60	2000	1740	1436
L	42	250	17	40	1800	762	1200
	43	250	17	40	1800	762	1200
	44	180	17	40	1800	758	1151
	45	180	17	40	1800	862	1324
	46	180	17	40	1800	862	1324

（3）原始OD分布矩阵（见图2-3）。

Matrix1 - Estimated OD Matrix (ODME)

	67	68	69	70	71	72	73	74
67	0.00	187.93	567.04	76.92	571.83	136.54	83.40	322.97
68	192.79	0.00	178.71	262.01	136.11	102.40	143.65	184.31
69	438.93	91.30	0.00	103.60	141.19	181.63	246.15	544.63
70	221.41	15.65	325.43	0.00	88.07	52.69	69.70	78.14
71	392.22	198.98	131.57	28.91	0.00	51.79	215.19	146.74
72	99.44	132.44	82.25	6.12	43.65	0.00	49.26	347.30
73	140.80	283.61	142.85	82.36	89.68	45.82	0.00	289.59
74	195.37	187.05	255.09	77.29	104.61	128.58	398.97	0.00

图2-3　原始OD分布矩阵

（4）字段属性（见表2-3）。

表2-3　字段属性表

字段	type（类型）	width（宽度）	decimals（小数）	index（索引）
ID	Integer（4bytes）	10		Yes
Length	Real（8bytes）	10	2	
Dir	Integer（2bytes）	2		
Name	Character	32		
Width	Integer（2bytes）	6		
Layer	Character	16		

续表2-3

字段	type（类型）	width（宽度）	decimals（小数）	index（索引）
HAB-V	Integer（2bytes）	6		
HBA-V	Integer（2bytes）	6		
AB-S	Integer（2bytes）	6		
BA-S	Integer（2bytes）	6		
AB-T	Real（8bytes）	10	2	
BA-T	Real（8bytes）	10	2	
AB-C	Integer（2bytes）	6		
BA-C	Integer（2bytes）	6		

（三）实验方法与步骤

1. 基本设置

打开软件TransCAD，选择菜单栏中的"Edit"→"Preferences"→"System"→"Map Units"，将单位更改为"Meters"，如图2-4所示。

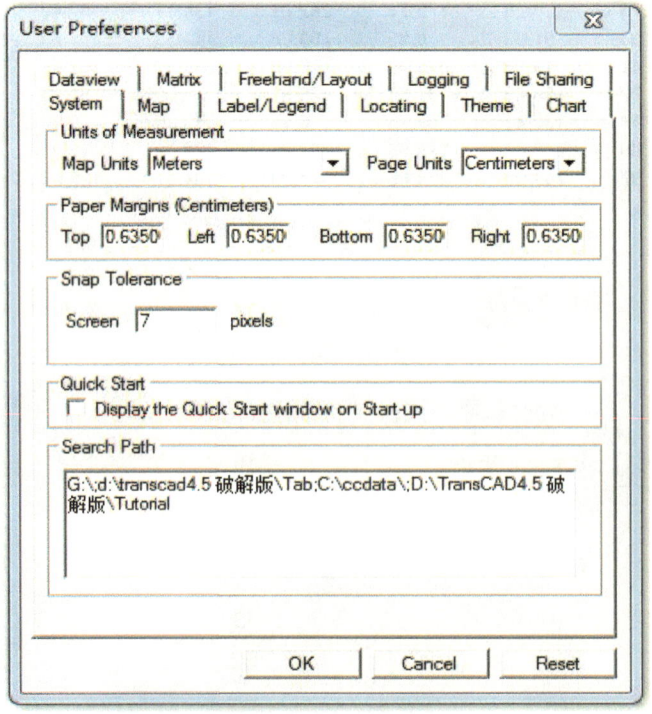

图2-4　调整基本设置

2. 导入底图

将需要用到的底图导入到软件中。

3. 新建路网层（线层）

（1）打开 TransCAD，选择菜单栏中的"File"→"New"，选择"Choose a Type of File"中的"Geographic File"，如图2-5所示。

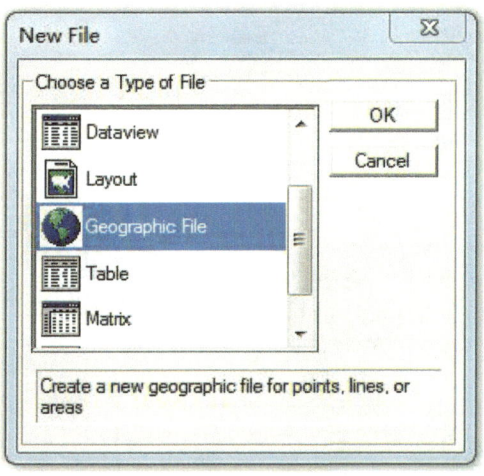

图2-5 新建地图文件

（2）选择"Line Geographic File"，将线层名字更改为"路网层"或其他任意名称，端点层名字更改为"路网端点层"或其他任意名称，如图2-6所示。

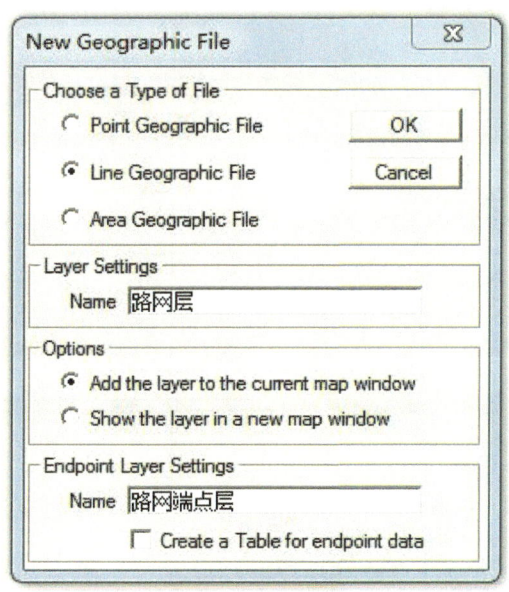

图2-6 建立路网层

（3）点击"OK"确定后，选择"Add Field"，按照已知的字段属性添加新的字段，包括"ID""Length""Dir""Name""Width""HAB_V""HBA_V""AB_S""BA_S""AB_T""BA_T""AB_C""BA_C"，如图2-7所示。

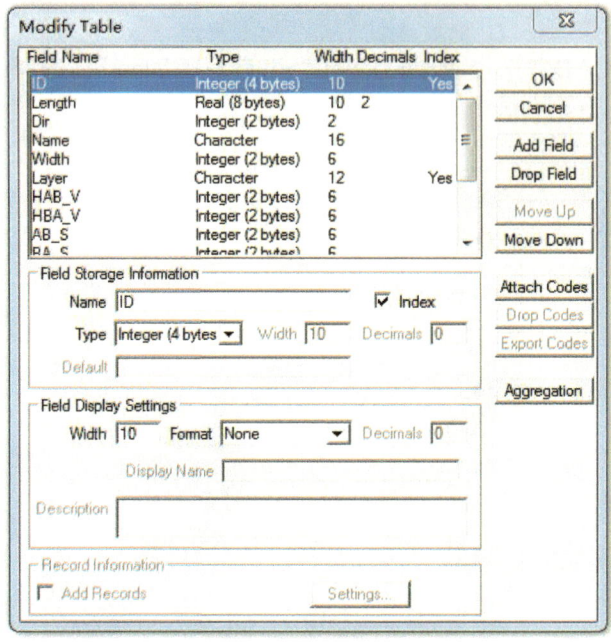

图2-7 添加属性

（4）画路网，打开工具栏"Tools"→"Map Editing"中的"Toolbox"，如图2-8所示。用 ➕ 工具来画图，在每条线的最后一点按回车，或双击左键，即画完路网，最后按 🚦 完成修改。

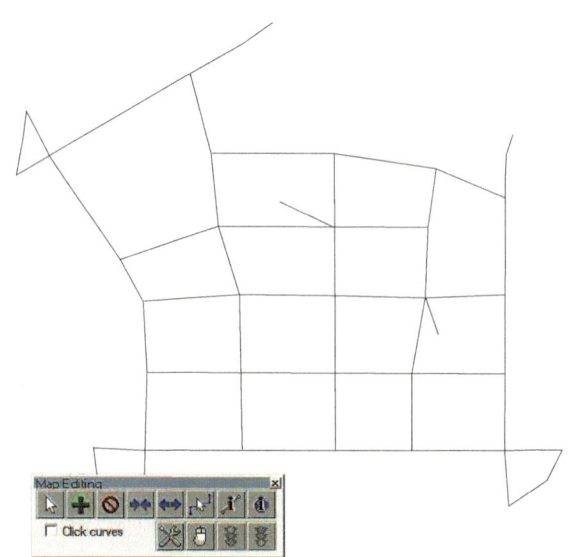

图2-8 画出路网

(5)画完后检查路网的连通性，打开"Tools"→"Map Editing"→"Check Line Layer Connectivity"进行路网检查，如图2-9所示。

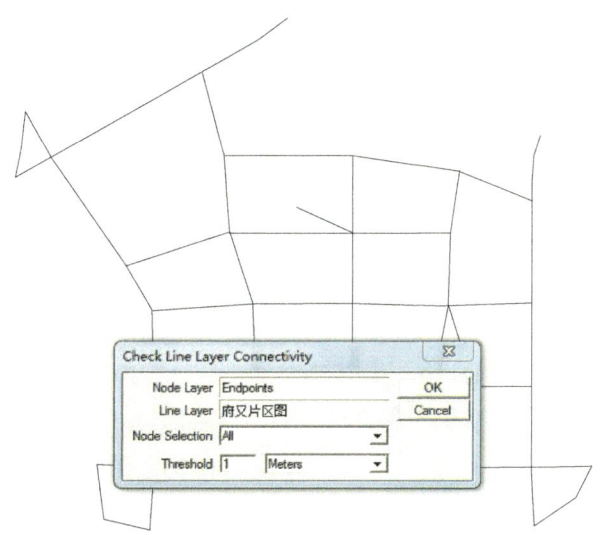

图2-9　检查路网连通性

4. 新建交通区层（面层）

(1)打开菜单栏中的"File"→"New"→"Geographic File"，选择"Area Geographic File"，在"Options"选择第一项，将面层名称更改为交通区或任意其他名称，如图2-10所示。

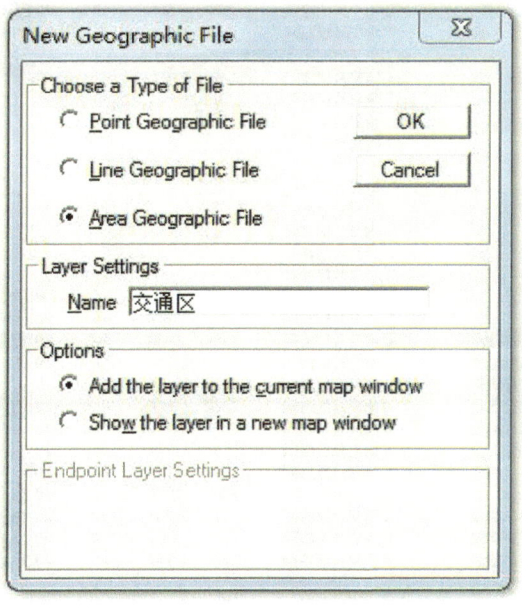

图2-10　新建交通区层（面层）

（2）画交通区，打开"Tools"→"Map Editing"中的"Toolbox"，如图2-11所示。用 ➕ 工具来画交通区，在每条线的最后一点按回车键，即画完交通区，最后按 🚦 完成修改。

5. 输入路网的路段属性信息

（1）在路网层上点击工具栏上的 ▦ 打开"Dataview"对话框，输入"HAB_V""HBA_V""AB_S""BA_S"等字段的数值，"AB_T"和"BA_T"可根据"Length/AB_S"和"Length/BA_S"获得。

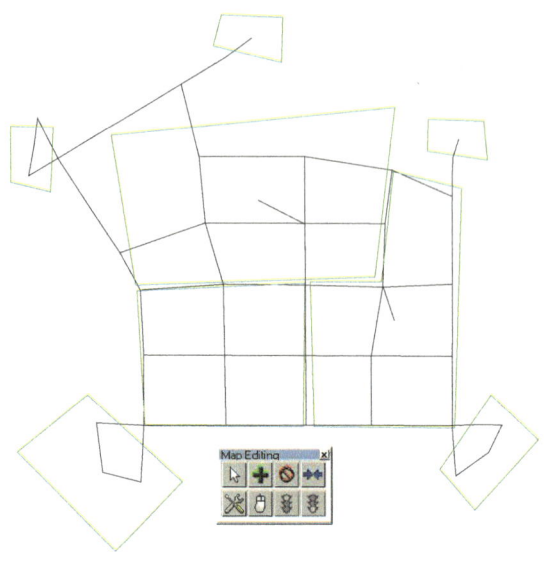

图2-11 打开工具箱

（2）点击"AB_T"列，全选该列，右键选"Fill"，打开"Fill"窗口。然后选"Formula"，弹出计算窗口，在"Field List..."中选择要运算的字段，在"Operator List..."中选择运算符号。点击"OK"计算出"AB_T"，用同样的方法可以计算出"BA_T"，操作过程如图2-12所示。

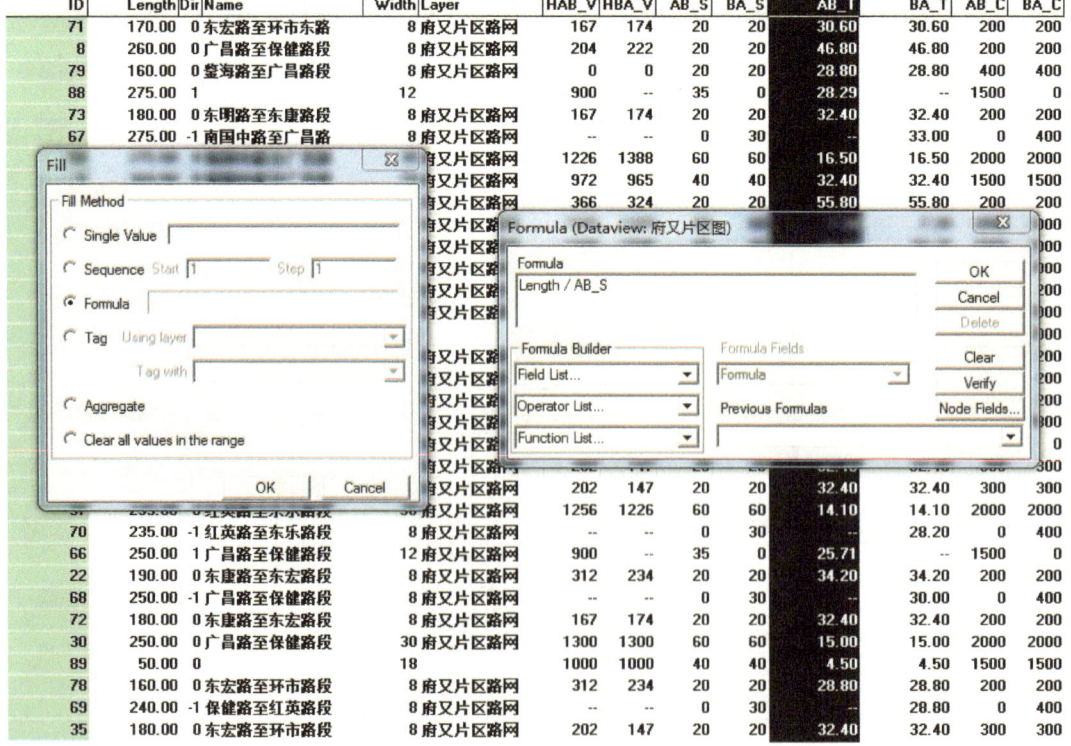

图2-12 计算"AB_T"和"BA_T"

6. 创建交通区质心层

(1) 在交通区层上,打开 "Tools" → "Export" 调出对话框,框中各选择如图 2-13 所示。

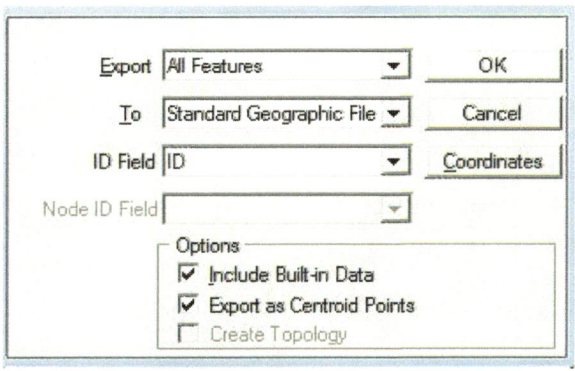

图 2-13　建立质心层

(2) 点击工具栏上的 ,加载交通区质心层,如图 2-14 所示。

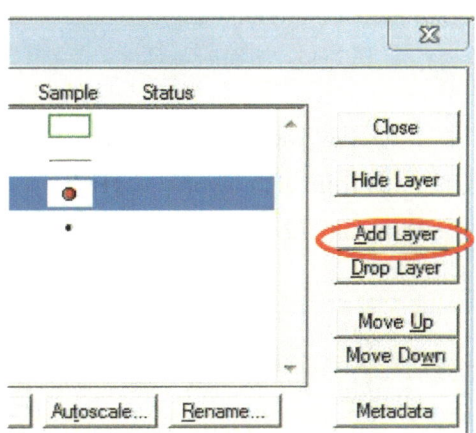

图 2-14　加载质心层

7. 建立交通区质心与路网的连接

(1) 在"路网端点层"添加字段"index",打开"Dataview" → "Modify Table",选择"Add Field",选中"index"并更改相关属性后保存,如图 2-15 所示。

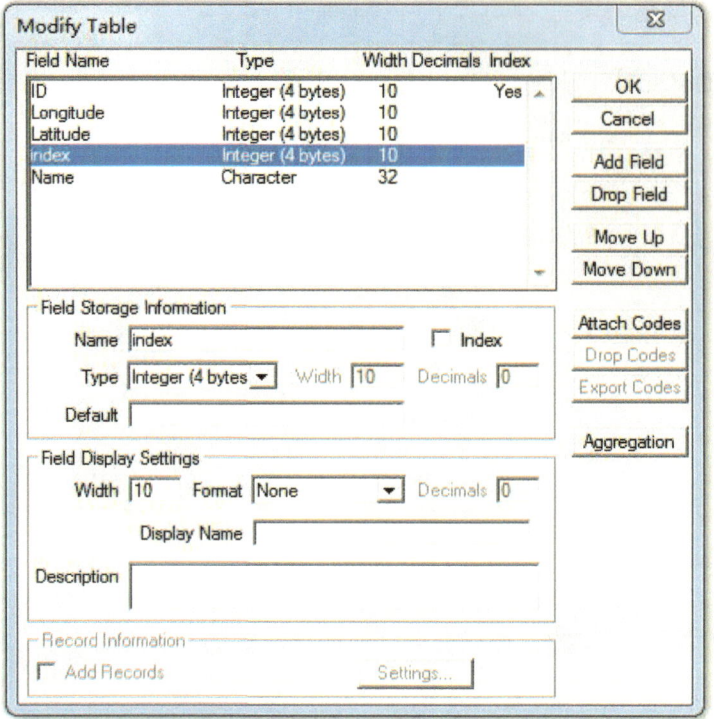

图2-15 增加index属性

（2）选择面层"交通区"，使用"Tools→Map Editing→Connect""Node field"选择"index""Fill with"选择"Ids from area layer"并保存。

（3）填充连接后新增路段的值如图2-16所示。

ID	Length	Dir	Name	Width	Layer	HAB_V	HBA_V	AB_S	BA_S	AB_T	BA_T	AB_C	BA_C
134	50.00	0			30	721	938	60	60	3.00	3.00	2000	2000
133	50.00	0			17	1154	601	60	60	3.00	3.00	1800	1800
143	53.62	0			--	--	--	120	120	0.01	0.01	20000	20000
90	50.00	0			17	1250	800	40	40	4.50	4.50	1800	1800
146	44.04	0			--	--	--	120	120	0.01	0.01	20000	20000
135	50.00	0			28	1221	1580	60	60	3.00	3.00	2000	2000
136	50.00	0			28	1500	1500	60	60	3.00	3.00	2000	2000
137	50.00	0			18	972	965	60	60	3.00	3.00	1500	1500
152	55.94	0			--	--	--	120	120	0.01	0.01	20000	20000
138	54.31	0			--	--	--	120	120	0.01	0.01	20000	20000
144	2.47	0			--	--	--	120	120	0.01	0.01	20000	20000
147	50.71	0			--	--	--	120	120	0.01	0.01	20000	20000
139	24.45	0			--	--	--	120	120	0.01	0.01	20000	20000
150	26.60	0			--	--	--	120	120	0.01	0.01	20000	20000
151	42.56	0			--	--	--	120	120	0.01	0.01	20000	20000
142	64.62	0			--	--	--	120	120	0.01	0.01	20000	20000

图2-16 新增路段的属性

8. 创建路网

在路网层上，从"Networks/Paths→Create…"调出其对话框，将"Optional Fields"的内容全选，点击"OK"保存"Network"，如图2-17所示。

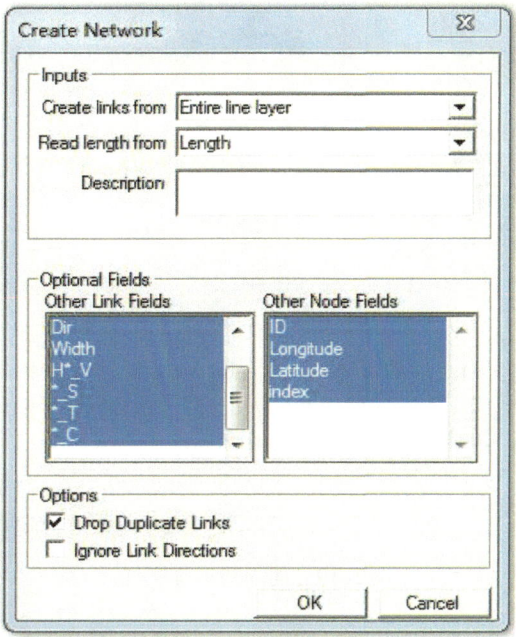

图2-17 创建路网

9. 原始OD分布

(1) 在"Endpoints"层(端点层)上做选择集,使用"Selection"→"Select by Condition(Dataview: Endpoints)"打开命令窗口,具体操作如图2-18所示。

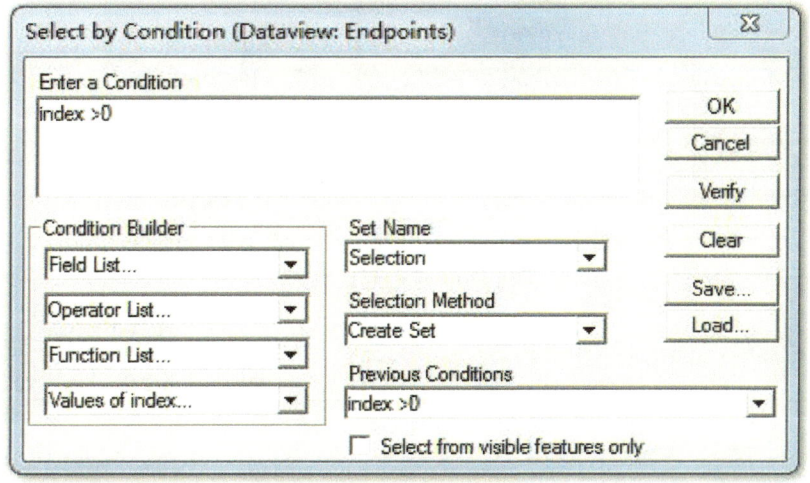

图2-18 选出起讫点集合

(2) 在"Endpoints"层上,新建矩阵,选择"File"→"New"→"Matrix",如图2-19、图2-20、图2-21所示。

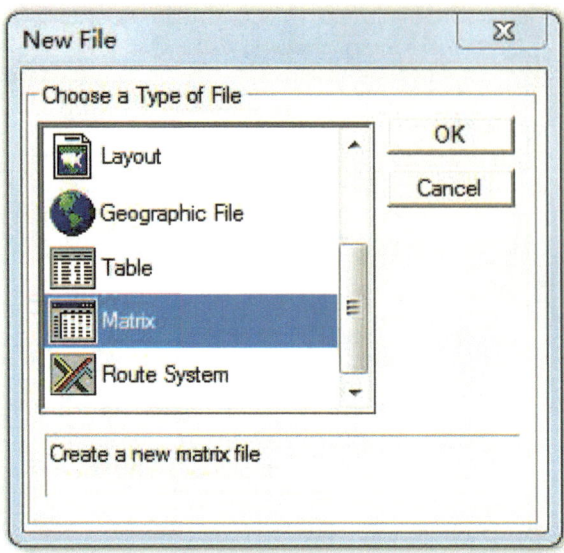

图2-19　建立新矩阵文件

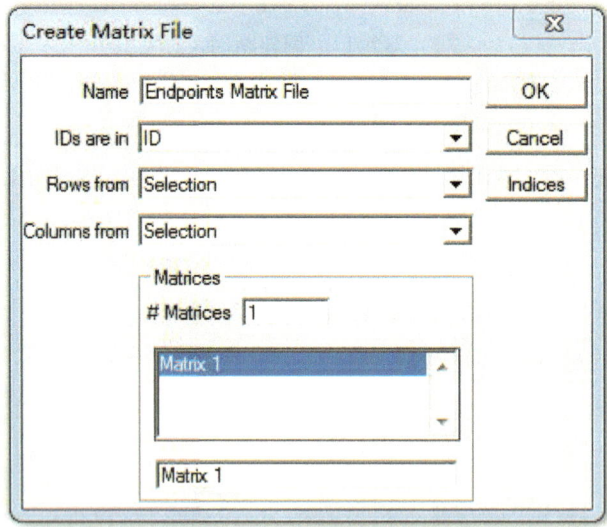

图2-20　选中起讫点集

	67	68	69	70	71	72	73	74
67	--	--	--	--	--	--	--	--
68	--	--	--	--	--	--	--	--
69	--	--	--	--	--	--	--	--
70	--	--	--	--	--	--	--	--
71	--	--	--	--	--	--	--	--
72	--	--	--	--	--	--	--	--
73	--	--	--	--	--	--	--	--
74	--	--	--	--	--	--	--	--

图2-21　生成的矩阵文件

(3) 输入原始OD矩阵，如图2-22所示。

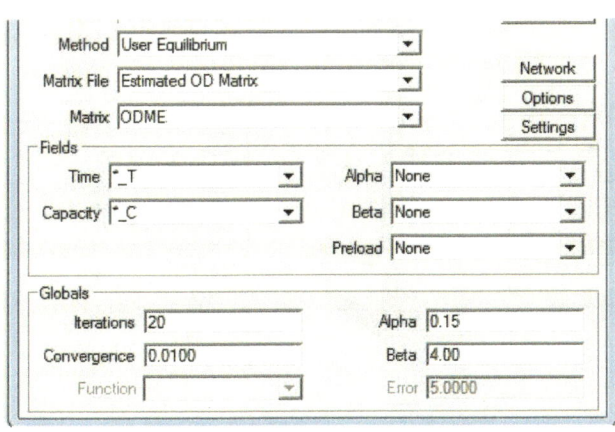

	67	68	69	70	71	72	73	74
67	0.00	187.93	567.04	76.92	571.83	136.54	83.40	322.97
68	192.79	0.00	178.71	262.01	136.11	102.40	143.65	184.31
69	438.93	91.30	0.00	103.60	141.19	181.63	246.15	544.63
70	221.41	15.65	325.43	0.00	88.07	52.69	69.70	78.14
71	392.22	198.98	131.57	28.91	0.00	51.79	215.19	146.74
72	99.44	132.44	82.25	6.12	43.65	0.00	49.26	347.30
73	140.80	283.61	142.85	82.36	89.68	45.82	0.00	289.59
74	195.37	187.05	255.09	77.29	104.61	128.58	398.97	0.00

图2-22　输入原始OD矩阵

10. 交通分配

（1）在路网层上进行交通分配，打开"Planning"→"Traffic Assignment"，选择"User Equilibrium"分配方法对原始OD矩阵进行分配，如图2-23所示。

（2）点击选项"Options"创建主题，勾选"Create Themes"，如图2-24所示。

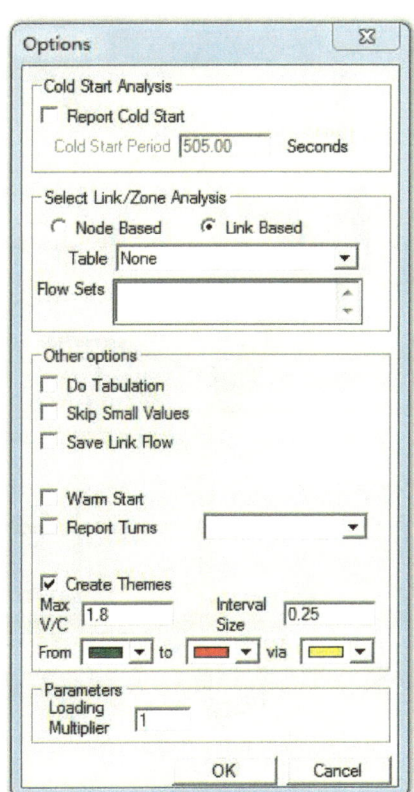

图2-23　选用用户平衡的方式分配　　　　图2-24　创建主题

（3）运行结果：规划区路网各路段分配流量如图2-25所示。

ID	Length	Dir	Name	Width	Layer	HAB_V	HBA_V	AB_S	BA_S	AB_T	BA_T	AB_C	BA_C	ID1	AB_Flow	BA_Flow	TOT_Flow
71	170.00					167	174	20	20	30.60	30.60	200	200	71	244.0229	191.0647	435.0876
8	260.00					204	222	20	20	46.80	46.80	200	200	8	275.9423	314.0857	590.0280
79	160.00					0	0	20	20	28.80	28.80	400	400	79	300.9073	236.1323	537.0396
88	275.00					900	--	35	0	28.29	--	1500	0	88	798.3024	--	798.3024
73	180.00					167	174	20	20	32.40	32.40	200	200	73	96.5309	2.4717	99.0026
67	275.00					--	--	0	30	--	33.00	0	400	67	--	480.2215	480.2215
80	275.00					1226	1388	60	60	16.50	16.50	2000	2000	80	1377.8876	1392.5909	2770.4785
5	360.00					972	965	40	40	32.40	32.40	1500	1500	5	1029.5830	955.0598	1984.6428
74	310.00					366	324	20	20	55.80	55.80	200	200	74	175.2386	214.1038	389.3424
85	120.00					1500	1500	60	60	7.20	7.20	2000	2000	85	1821.9464	1583.0782	3405.0246
86	170.00					1500	1500	60	60	10.20	10.20	2000	2000	86	1277.3570	1836.7912	3114.1482
87	170.00					1436	1740	60	60	10.20	10.20	2000	2000	87	1456.8590	1536.0717	2992.9307
75	260.00					216	194	20	20	46.80	46.80	200	200	75	147.8019	195.5263	343.3282
84	300.00					1500	1500	60	60	18.00	18.00	2000	2000	84	1856.4706	1665.3268	3521.7973
132	50.00					1018	1084	60	60	3.00	3.00	2000	2000	132	1007.2016	850.7177	1857.9193
11	260.00					212	330	20	20	46.80	46.80	200	200	11	177.5366	203.4883	381.0249
76	260.00					204	222	15	15	62.40	62.40	200	200	76	218.9119	224.8730	443.7849
13	170.00					312	234	20	20	30.60	30.60	200	200	13	386.7136	328.7855	715.4991
19	250.00					1200	762	40	40	22.50	22.50	1800	1800	19	789.3411	975.8507	1765.1990
45	240.00					900	--	35	0	24.69	--	1500	0	45	827.9477	--	827.9477
32	180.00					202	147	20	20	32.40	32.40	300	300	32	173.2226	150.2389	323.4615
33	180.00					202	147	20	20	32.40	32.40	300	300	33	234.1015	185.1677	419.2692
37	235.00					1256	1226	60	60	14.10	14.10	2000	2000	37	1342.3038	1213.5235	2555.8273
70	235.00					--	--	0	30	--	28.20	0	400	70	--	238.5595	238.5595
66	250.00					900	--	35	0	25.71	--	1500	0	66	829.9473	--	829.9473
22	190.00					312	234	20	20	34.20	34.20	200	200	22	250.8737	190.9460	441.8198
68	250.00					--	--	0	30	--	30.00	0	400	68	--	256.8956	256.8956
72	180.00					167	174	20	20	32.40	32.40	200	200	72	196.7888	134.3745	331.1633
30	250.00					1300	1300	60	60	15.00	15.00	2000	2000	30	1342.3038	1304.0489	2646.3526
89	50.00					1000	1000	40	40	4.50	4.50	1500	1500	89	1175.1339	1165.3856	2340.5195
78	160.00					312	234	20	20	28.80	28.80	200	200	78	85.3922	188.0437	273.4359
69	240.00					--	--	0	30	--	28.80	0	400	69	--	94.3164	94.3164

图2-25 运行结果

流量分配后路网V/C主题图如图2-26所示。

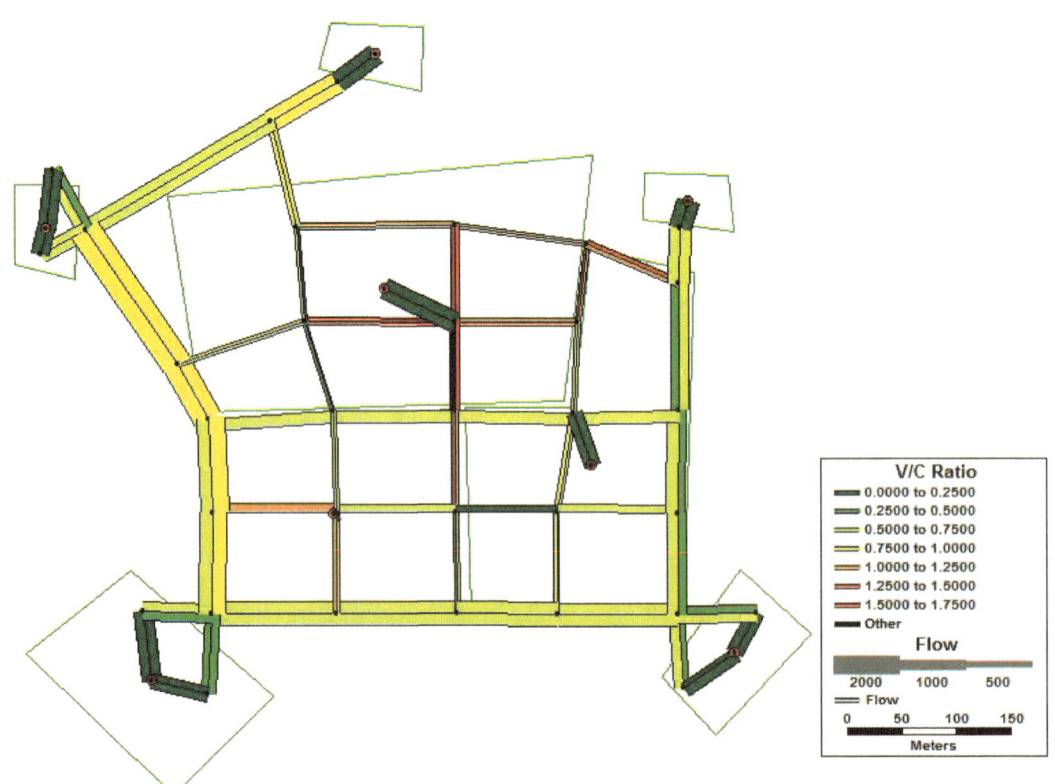

图2-26 路网V/C主题图

实验二 华南理工大学五山校区路网以及小区的交通仿真和分配

(一)实验目的

熟悉交通规划软件TransCAD的使用,掌握运用TransCAD进行交通预测及交通分配的方法。

(二)实验内容及基础数据

在华南理工大学五山校区的东区、南区,用TransCAD建立了道路网以及6个交通小区,根据OD调查表对这些小区进行预测和交通分配,进行交通仿真,分析现状和未来的仿真结果,包括路网交通饱和度、运行速度等交通效益指标。

(1)通过对各道路网的数据调查,得到了每条道路网的"Length""Width""AB_C""BA_C""AB_S""BA_S""HAB_V""HBA_V"等数据,如图2-27所示。

图2-27 道路网部分数据

（2）然后用公式可以求出"AB_T"和"BA_T"，如图2-28所示。

ID	Length	Dir	Name	[Length:1]	Width	Layer	HAB_V	HBA_V	AB_S	BA_S	AB_T	BA_T	AB_C	BA_C
29	155.14	0	5	--		12	500	550	15	15	10.34	10.34	800	800
2	608.84	0	6	--		12	500	450	15	15	40.59	40.59	800	800
3	211.92	0	7	--		8	350	420	15	15	14.13	14.13	600	600
4	114.12	0	22	--		8	360	400	15	15	7.61	7.61	600	600
5	328.83	0	23	--		2	100	120	15	15	21.92	21.92	200	200
6	117.35	0	24	--		8	360	350	15	15	7.82	7.82	600	600
7	191.88	0	26	--		8	300	360	15	15	12.79	12.79	600	600
8	865.72	0	8	--		12	380	460	15	15	57.71	57.71	800	800
30	184.71	0	28	--		8	400	360	15	15	12.31	12.31	600	600
10	291.56	0	1	--		8	250	240	15	15	19.44	19.44	600	600
11	188.33	0	12	--		8	300	300	15	15	12.56	12.56	600	600
12	396.16	0	11	--		8	385	346	15	15	26.41	26.41	600	600
13	294.52	0	31	--		8	300	300	15	15	19.63	19.63	600	600
31	2.67	0	32	--		8	200	100	15	15	0.18	0.18	600	600
15	476.33	0	21	--		8	400	360	15	15	31.76	31.76	600	600
16	490.12	0	27	--		8	400	450	15	15	32.67	32.67	600	600
17	595.08	0	20	--		8	360	350	15	15	39.67	39.67	600	600
18	305.50	0	19	--		8	320	300	15	15	20.37	20.37	600	600
19	360.17	0	17	--		4	200	150	15	15	24.01	24.01	300	300
20	272.01	0	13	--		8	400	420	15	15	18.13	18.13	600	600
21	226.93	0	14	--		8	450	435	15	15	15.13	15.13	600	600
22	178.01	0	16	--		8	250	230	15	15	11.87	11.87	600	600
23	164.84	0	18	--		4	150	180	15	15	10.99	10.99	300	300
24	1052.76	0	2	--		8	400	350	15	15	70.18	70.18	600	600
25	119.08	0	3	--		4	200	250	15	15	7.94	7.94	420	420
26	435.23	0	4	--		8	400	450	15	15	29.02	29.02	600	600

图2-28　计算AB_T和BA_T

（3）原始OD表，如图2-29所示。

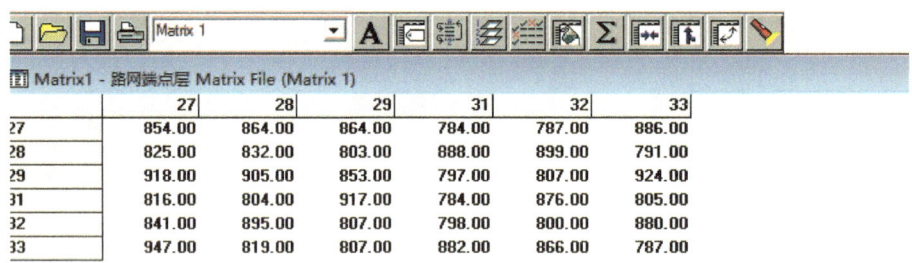

图2-29　原始OD表

（4）预测。具体预测方法为，假设未来由于共享电动车的广泛运用，自行车使用量减少为原来的一半，得到OD表，如图2-30所示。

	27	28	29	31	32	33
	427.00	432.00	432.00	392.00	393.00	443.00
	413.00	416.00	402.00	444.00	449.00	395.00
	459.00	453.00	427.00	398.00	403.00	462.00
	408.00	402.00	458.00	392.00	438.00	403.00
	421.00	447.00	403.00	399.00	400.00	440.00
	474.00	409.00	403.00	441.00	433.00	393.00

图2-30　预测OD表

（三）实验方法与步骤

1. 导入底图

导入"Tif"格式底图，选择"Edit"→"Preferences"→"System"→"Map Units"，将单位更改为"Meters"，如图2-31所示。

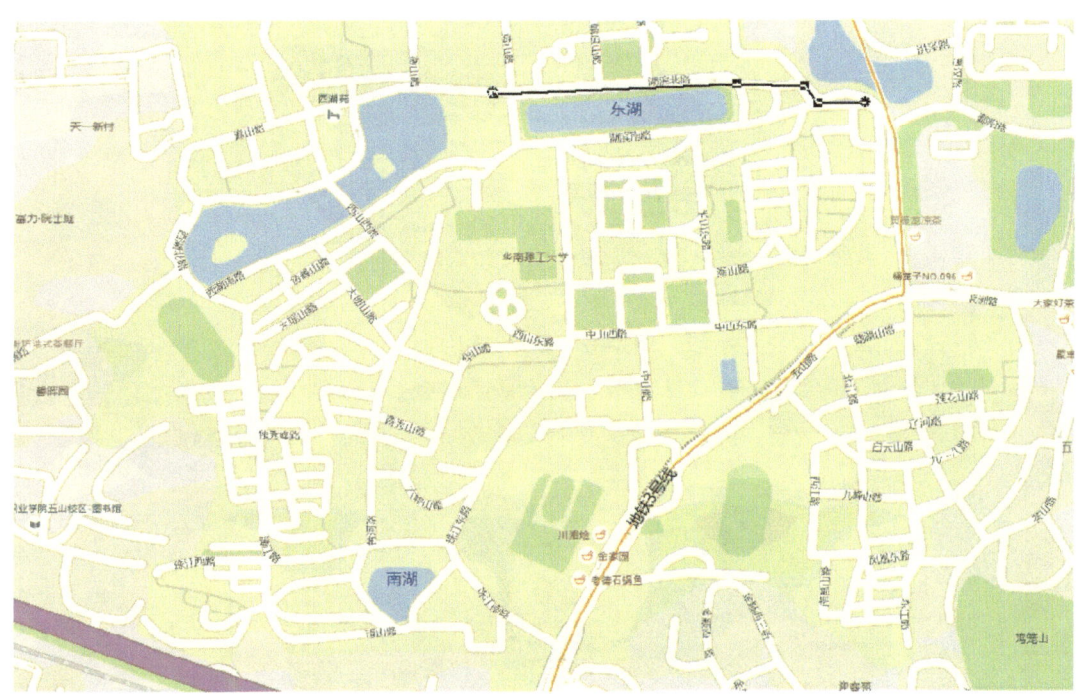

图2-31　华工五山校区示意图

2. 新建路网层

（1）打开"File"→"New"→"Geographic File"，选择"Line Geographic File"，将线层名更改为路网层；端点层名"gen"更改为"路网端点层"，如图2-32所示。

（2）添加域字段：ID、Length、Dir、Name、Width、HAB_V、HBA_V、AB_S、BA_S、AB_T、BA_T、AB_C、BA_C，用"Tools"→"Map Editing"→"Toolbox"中的 ➕ 工具画路网，画完的路网结果如图2-33、图2-34所示。

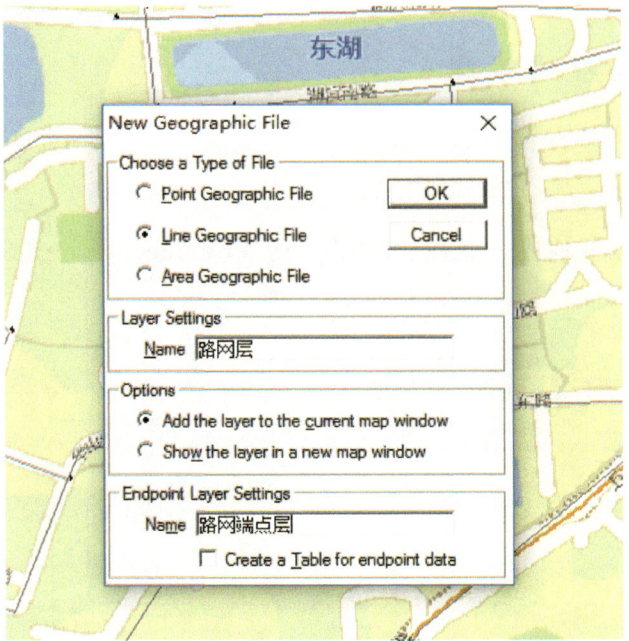

图 2-32　新建路网层

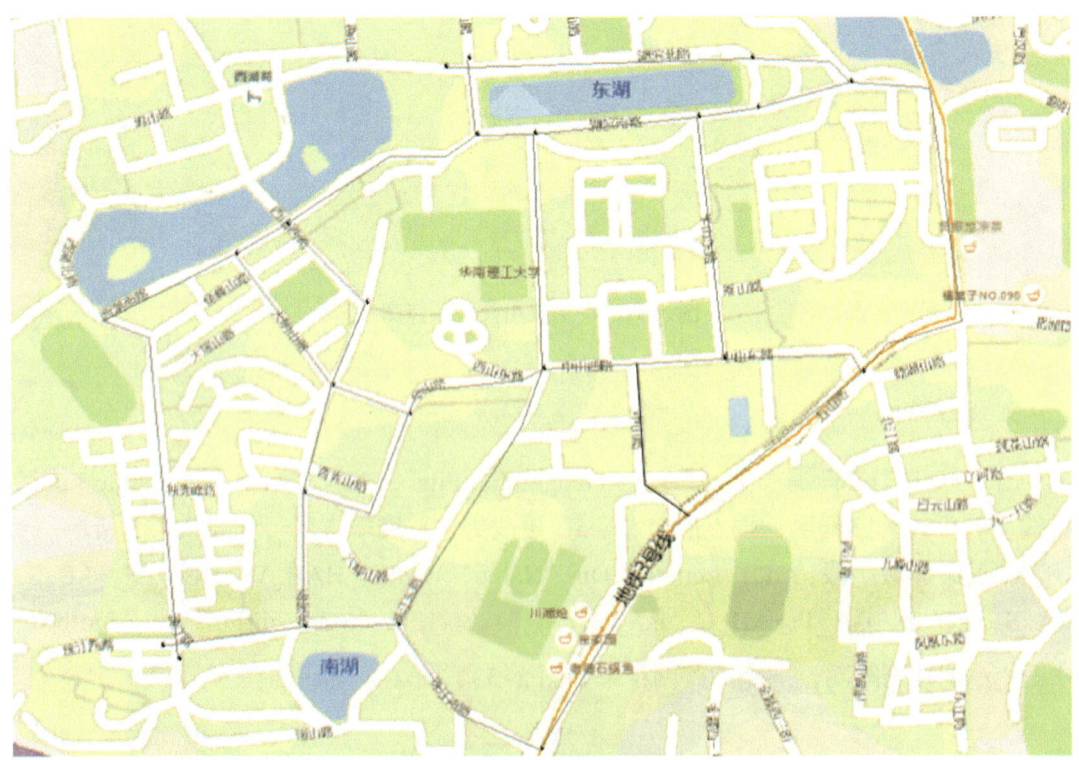

图 2-33　新建路网示意图 1

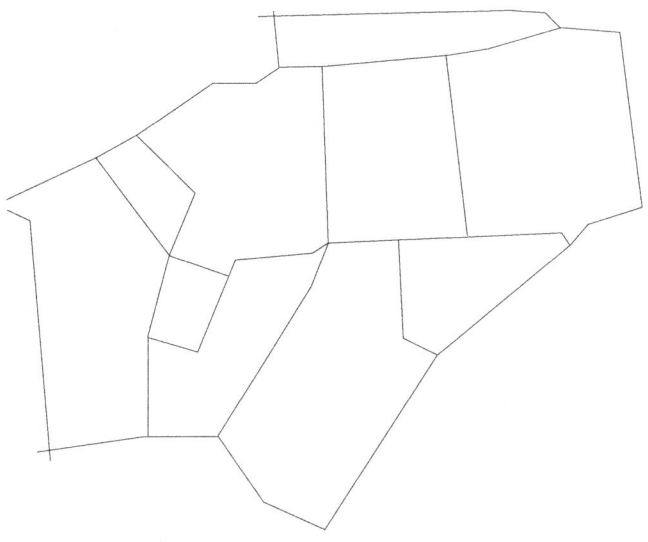

图2-34　新建路网示意图2

（3）打开"Tools"→"Map Editing"→"Check Line Layer Connectivity"检查连通性（连通性没有问题），如图2-35、图2-36所示。

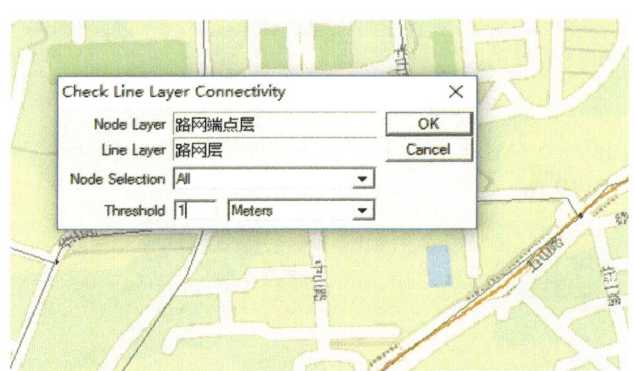

图2-35　检查路网连通性

图2-36　路网连通性检查无误

3. 新建交通区

(1) 打开"New Geographic File",选择"Area Geographic File",在"Options"选择第一项,输入面层名称交通区,如图2-37所示。

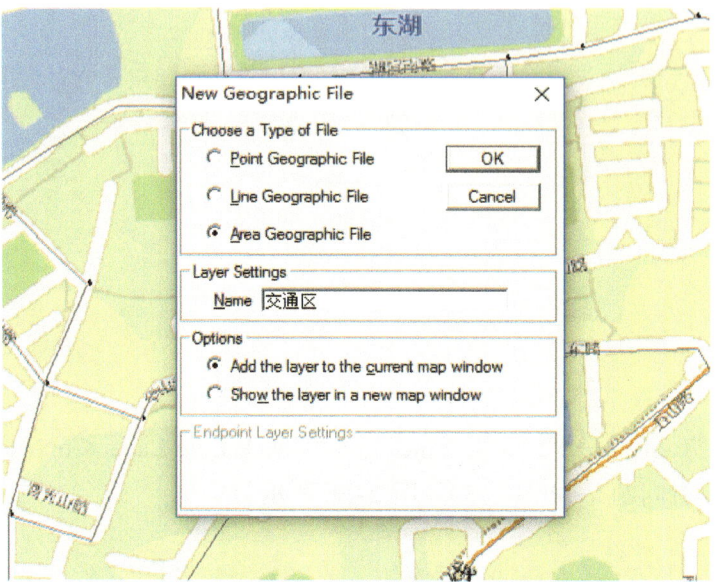

图2-37 新建交通区

(2) 打开"Tools"→"Map Editing"→"Toolbox"。用 ➕ 工具来画交通区,完成后如图2-38、图2-39所示。

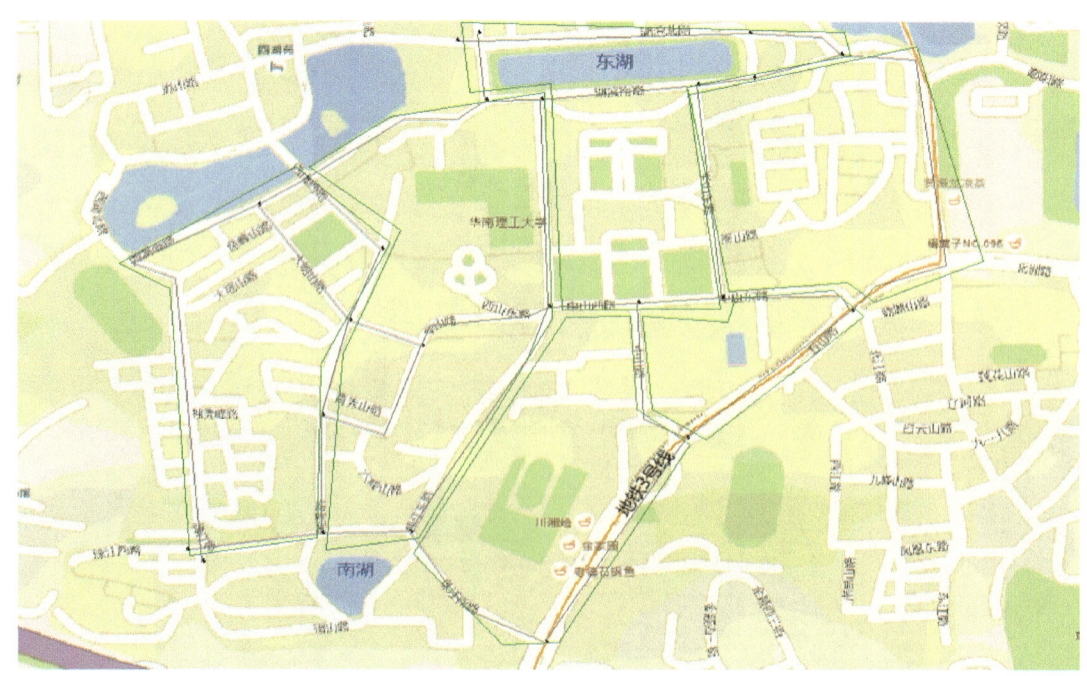

图2-38 新建交通区示意图1

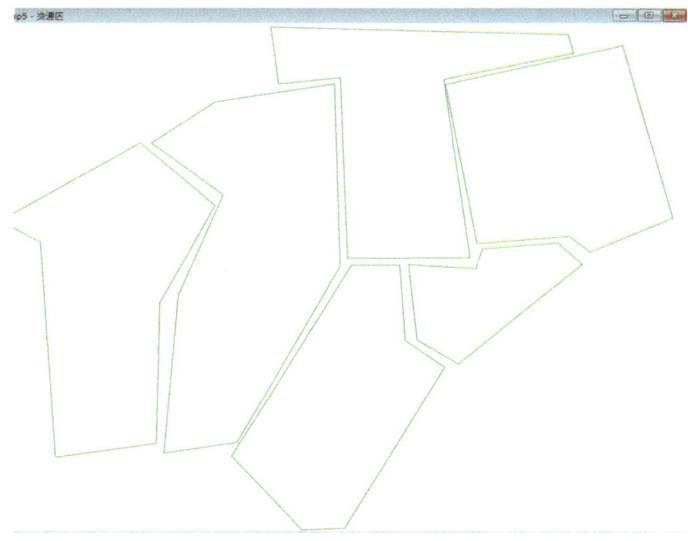

图2-39 新建交通区示意图2

4. 输入基础数据中各路段的基础数据

(1) 在路网层上点击工具栏上的  打开 "Dataview" 对话框，输入 "HAB_V" "HBA_V" "AB_S" "BA_S" 等字段的数值，"AB_T" 和 "BA_T" 可根据Length/AB_S和Length/BA_S获得。

(2) 点击 "AB_T" 列，全选该列，右键选 "Fill"，打开 "Fill" 窗口。然后选 "Formula"，弹出计算窗口，在 "Field List…" 中选择要运算的字段，在 "Operator List…" 中选择运算符号。点击 "OK" 计算出 "AB_T"，以同样的方法可以计算出 "BA_T"。

5. 创建交通区质心层

(1) 在交通区质心层上，"Tools" → "Export" 调出对话框，框中各选择如图2-40所示。

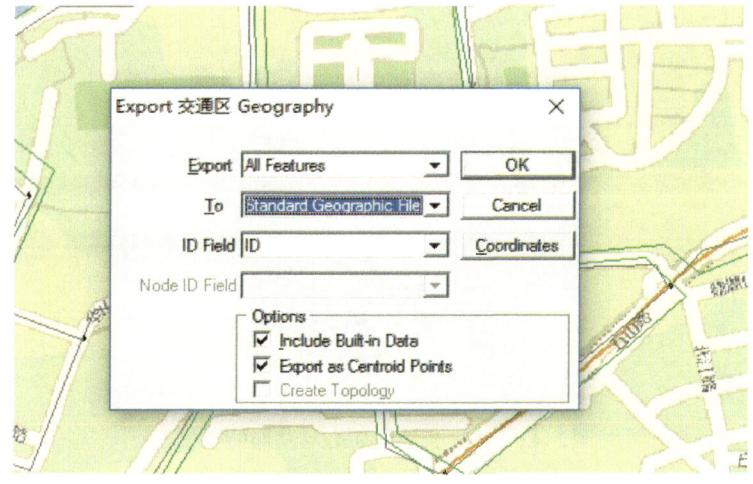

图2-40 新建交通区质心层

（2）点击工具栏上的 ，加载交通区质心层，如图2-41所示。

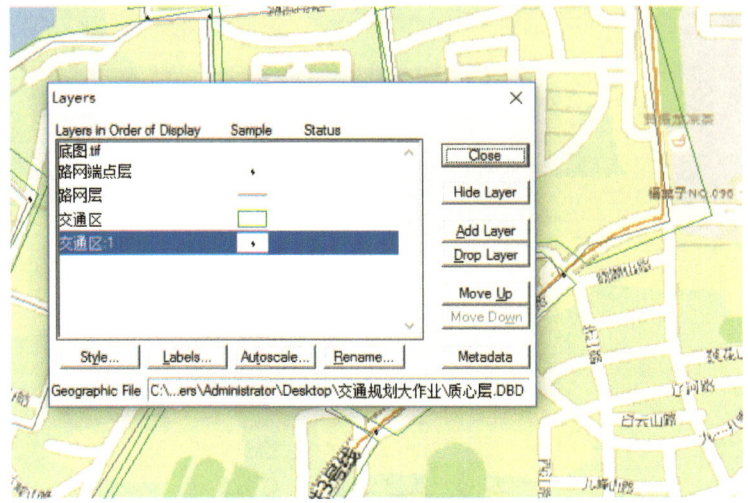

图2-41 加载交通区质心层

6. 建立交通区质心与路网的连接

（1）在"路网端点层"添加字段"index"，打开"Dataview"→"Modify Table"，选择"Add Field"，选中"index"并更改相关属性后保存，如图2-42所示。

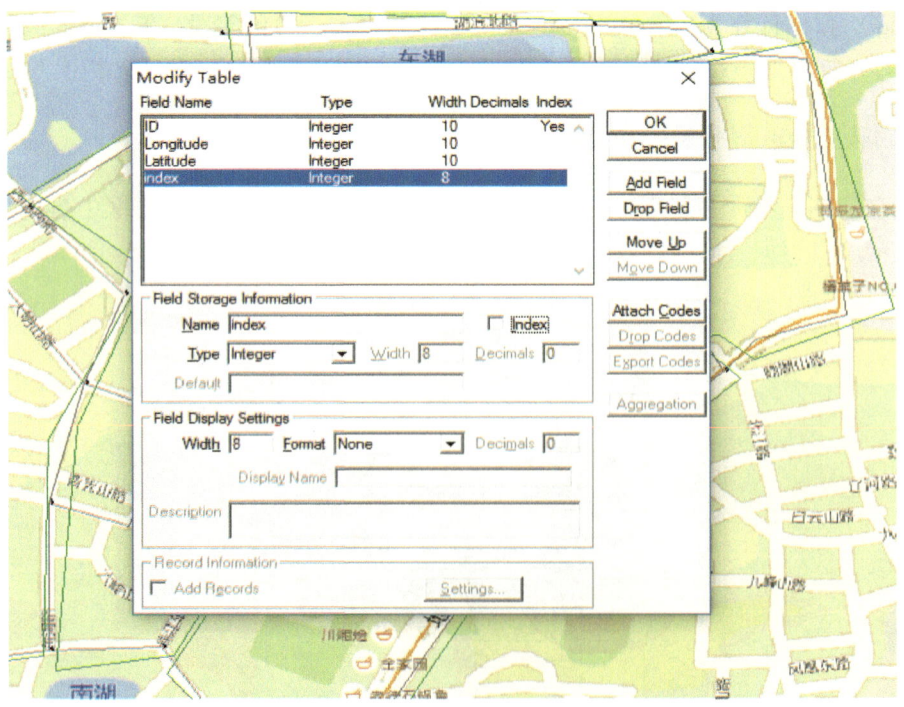

图2-42 建立交通区质心与路网的连接

（2）在面层"交通区"上打开"Tools"→"Map Editing"→"Connect"，在"Node field"选择"index"，在"Fill with"选择"IDs from 交通区 layer"，操作如图 2-43 所示。

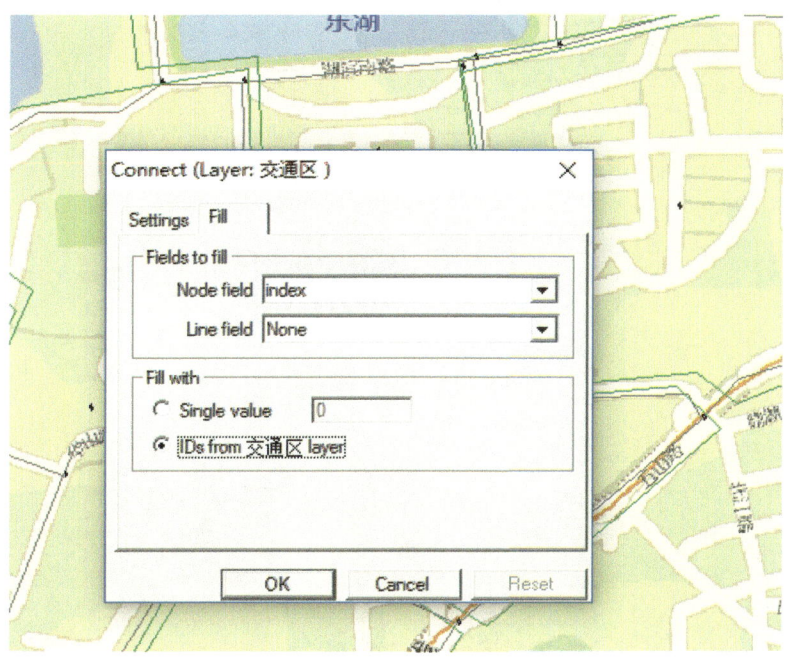

图 2-43　连接交通区质心和路网

（3）填充连接后新增路段的值，如图 2-44 所示。

--	8	400	420	15	15	18.13	18.13	600	600
--	8	450	435	15	15	15.13	15.13	600	600
--	8	250	230	15	15	11.87	11.87	600	600
--	4	150	180	15	15	10.99	10.99	300	300
--	8	400	350	15	15	70.18	70.18	600	600
--	4	200	250	15	15	7.94	7.94	420	420
--	8	400	450	15	15	29.02	29.02	600	600
--	8	300	300	15	15	21.79	21.79	600	600
--	8	300	300	15	15	15.01	15.01	600	600
--	8	360	300	15	15	11.82	11.82	600	600
--	8	360	350	15	15	24.32	24.32	600	600
--	12	400	320	15	15	30.37	30.37	800	800
--	12	450	460	15	15	36.78	36.78	600	600
--	8	300	360	15	15	6.83	6.83	600	600
--	--	--	--	15	15	0.01	0.01	20000	20000
--	--	--	--	15	15	0.01	0.01	20000	20000
--	--	--	--	15	15	0.01	0.01	20000	20000
--	--	--	--	15	15	0.01	0.01	20000	20000
--	--	--	--	15	15	0.01	0.01	20000	20000
--	--	--	--	15	15	0.01	0.01	20000	20000

图 2-44　填充连接后新增路段值

7. 创建路网

在路网层上，"Networks/Paths"→"Create…"调出其对话框，将"Optional

Fields"的内容全选,点击"OK"保存"Network",如图 2-45 所示。

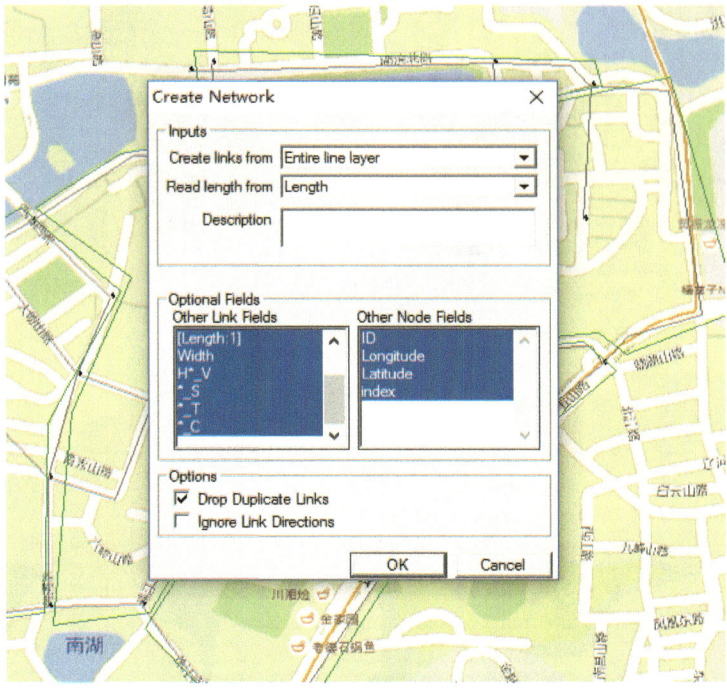

图 2-45 创建路网

8. 原始 OD 分布

(1) 在路网端点层的"selection"中,选择"Select by Condition(Dataview:路网端点层)"打开命令窗口,具体操作如图 2-46 所示。

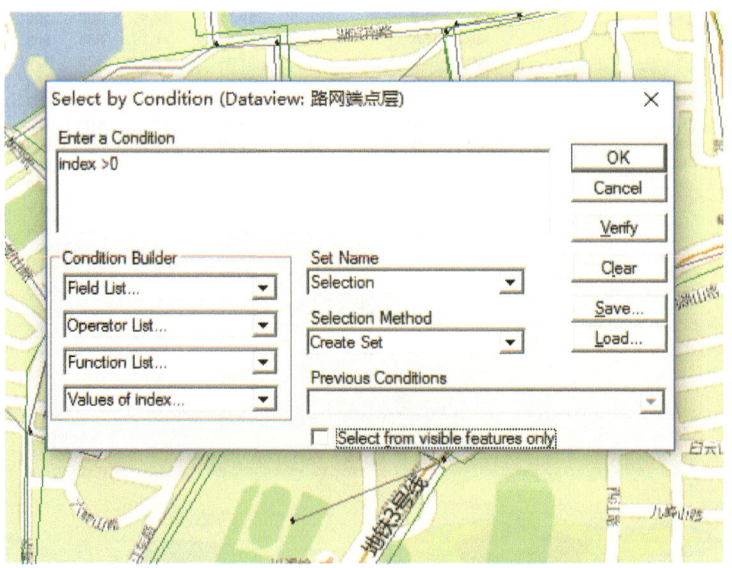

图 2-46 设置 OD 条件

（2）新建矩阵，打开"File"→"New"→"Matrix"，操作如图 2-47、图 2-48 所示。

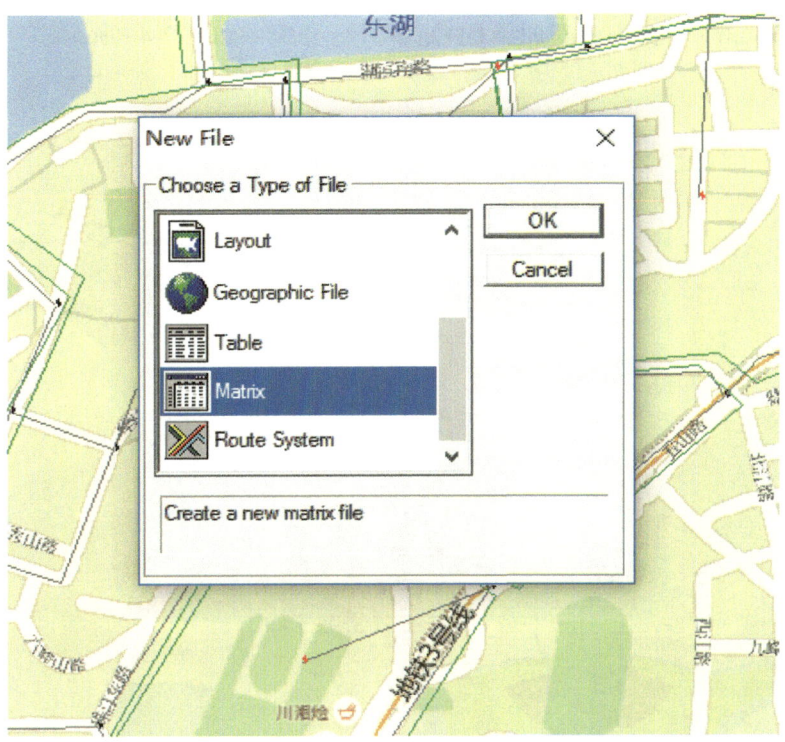

图 2-47　新建矩阵

图 2-48　创建矩阵文件

（3）输入基础数据中的原始 OD 表得到 OD 矩阵。

9. 交通分配

（1）在路网层上进行交通分配，打开"Planning"→"Traffic Assignment"，选择"User Equilibrium"分配方法对原始OD矩阵进行分配，如图2-49所示。

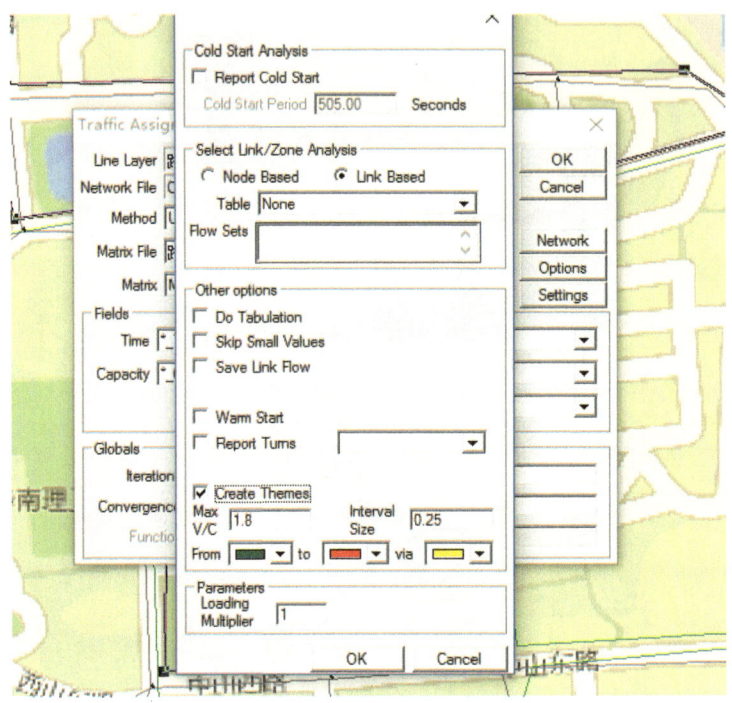

图2-49 交通分配基础设置

（2）点击选项"Options"创建主题，勾选"Create Themes"。

（3）交通分配运行结果图及数据分别如图2-50、图2-51所示。

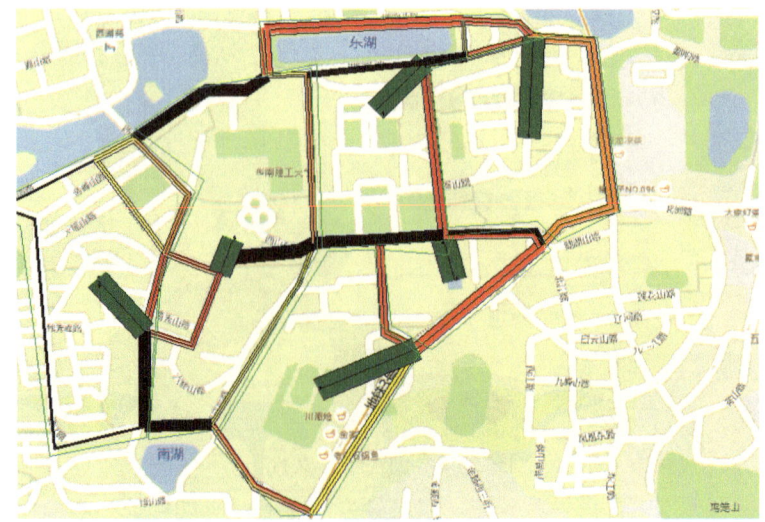

图2-50 交通分配运行结果图

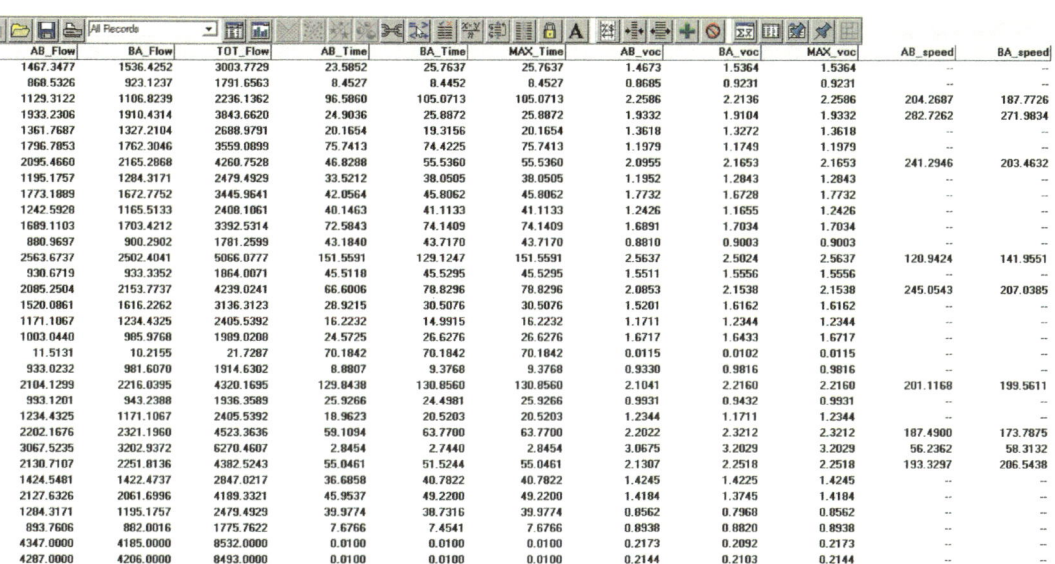

图2-51 交通分配数据

10. 新建预测的OD矩阵并进行交通分配

操作步骤同上。

新建矩阵的运行结果及新建矩阵的运行数据如图2-52、图2-53所示。

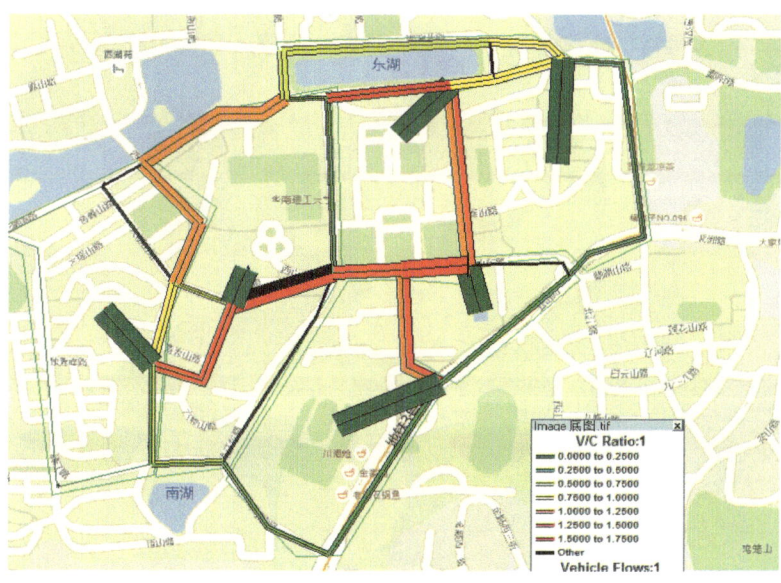

图2-52 新建矩阵的运行结果

ID1	AB_Flow	BA_Flow	TOT_Flow	AB_Time	BA_Time	MAX_Time	AB_voc	BA_voc	MAX_voc	AB_speed
3	791.3666	792.3131	1583.6797	14.3292	14.6330	14.6330	0.7914	0.7923	0.7923	--
4	366.9778	406.9137	773.8915	7.6110	7.6218	7.6218	0.3670	0.4069	0.4069	--
5	830.8376	857.6748	1688.5125	40.5814	43.7948	43.7948	1.6617	1.7153	1.7153	--
6	887.7656	897.7090	1785.4746	9.8106	10.2411	10.2411	0.8878	0.8977	0.8977	--
7	869.8649	845.1910	1715.0559	14.9353	13.8781	14.9353	0.8699	0.8452	0.8699	--
8	471.4959	412.7685	884.2644	57.8636	57.8143	57.8636	0.3143	0.2752	0.3143	--
11	466.1560	510.6309	976.7869	12.8852	13.2670	13.2670	0.4662	0.5106	0.5106	--
12	431.8762	459.0927	890.9689	26.5480	26.5877	26.5877	0.4319	0.4591	0.4591	--
13	70.7969	68.1611	138.9580	19.7510	19.7347	19.7510	0.0708	0.0682	0.0708	--
15	463.8599	450.7611	914.6210	32.1682	31.9892	32.1682	0.4639	0.4508	0.4639	--
16	1249.8663	1272.7600	2522.6264	45.4385	44.6518	45.4385	1.2499	1.2728	1.2728	--
17	51.5383	34.2797	85.8180	39.7381	39.6950	39.7381	0.0515	0.0343	0.0515	--
18	1752.4924	1680.2324	3432.7248	39.9359	42.1334	42.1334	1.7525	1.6802	1.7525	--
19	841.3096	824.2095	1665.5192	27.5960	26.6514	27.5960	1.4022	1.3737	1.4022	--
20	466.1560	510.6309	976.7869	19.1625	19.1625	19.1625	0.4662	0.5106	0.5106	--
21	816.0061	837.4311	1653.4372	17.2240	16.5027	17.2240	0.8160	0.8374	0.8374	--
22	1159.6697	1140.9691	2300.6388	12.5689	12.2132	12.5689	1.1597	1.1410	1.1597	--
23	425.3560	440.5159	865.8719	12.1451	11.3927	12.1451	0.7089	0.7342	0.7342	--
24	0.0000	70.1842	70.1842	70.1842	70.1842	70.1842	0.0000	0.0000	0.0000	--
25	43.9419	68.9076	112.8495	7.9454	7.9806	7.9806	0.0439	0.0689	0.0689	--
26	1203.6116	1209.8767	2413.4883	34.7018	35.3410	35.3410	1.2036	1.2099	1.2099	--
27	68.9076	43.9419	112.8495	21.9059	21.8092	21.9059	0.0689	0.0439	0.0689	--
28	1140.9691	1159.6697	2300.6388	15.4482	15.8981	15.8981	1.1410	1.1597	1.1597	--
30	1250.6523	1353.2696	2603.9219	17.7050	20.3611	20.3611	1.2507	1.3533	1.3533	--
31	2125.5957	2145.2315	4270.8272	0.6337	0.6646	0.6646	2.1256	2.1452	2.1452	252.4961

图2-53　新建矩阵的运行数据

第三章 交通仿真实验

实验一 VISSIM交通仿真的基础操作及简单应用

如今交通信息化已经成为当下交通工程发展的新方向,而VISSIM作为一种重要的交通仿真软件,已经越来越多地应用在交通仿真的各个方面。

(一)实验目的

利用VISSIM软件,绘制基本交叉口与范围内路网,并输入交通量、信号配时等参数设置,进行仿真实验。

(二)实验内容

了解VISSIM仿真软件的基础操作;学会使用VISSIM软件画路网的基础操作;掌握车辆输入的方法以及车辆路径选择的设置;学会VISSIM中交叉口控制方式的设置方法;掌握VISSIM信号控制灯的设置及其配时设置;掌握道路检测器的设置与参数评价;学会进行简单的3D建模及仿真运行。

(三)实验方法与步骤

1. 更改设置

打开软件,点击"编辑"进行用户设置,将语言改成中文,如图3-1所示。

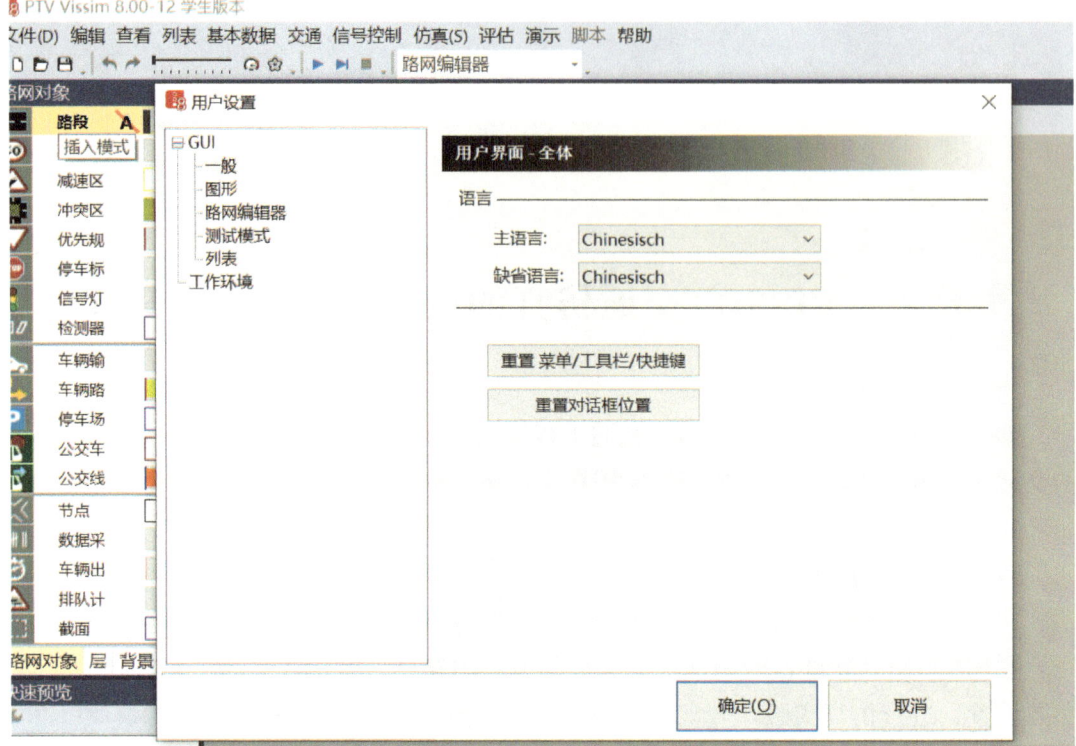

图3-1 用户设置

2. 导入背景

（1）点击左侧"背景图片"选项。

（2）用鼠标左键单击右侧路网编辑器，然后点击鼠标右键，出现黄点（见图3-2），黄点即插入背景图片的左下角；弹出对话框（见图3-3），打开背景图片所在路径；点击"打开"，如图3-4所示。

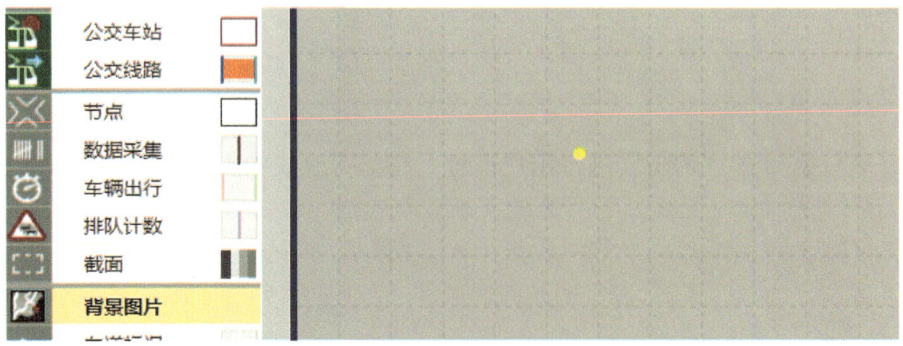

图3-2 右击路网编辑器

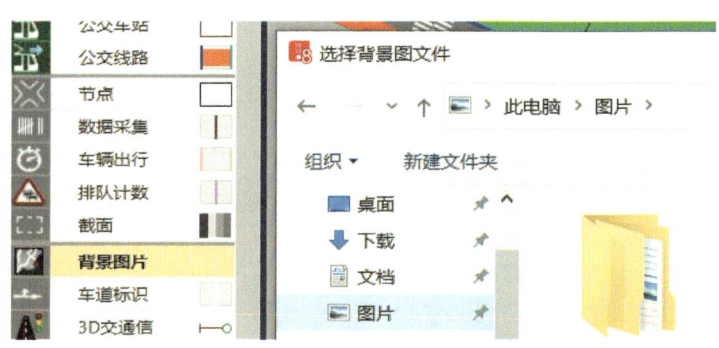

图3-3 打开背景图片所在路径

图3-4 读取图片文件

（3）选中插入的背景图片（可见黄色外框），按住"Ctrl"键后，右击选择设置比例，在已知长度上绘制黄色直线，并输入实际长度。已知进口道双车道宽度，则输入宽度，完成比例尺的设置，如图3-5所示。

图3-5 设置比例尺

3. 绘制路网

使用最左边工具栏里的"路段"进行路网的绘制，按照车流前进的方向点击鼠标右键拉线，确定路段的起终点，之后进行路段参数的选择（包括车道等），若要编辑路段属性，可随时双击路段弹出"编辑"对话框，如图3-6所示。如此，将背景图中的所有道路一一覆盖。

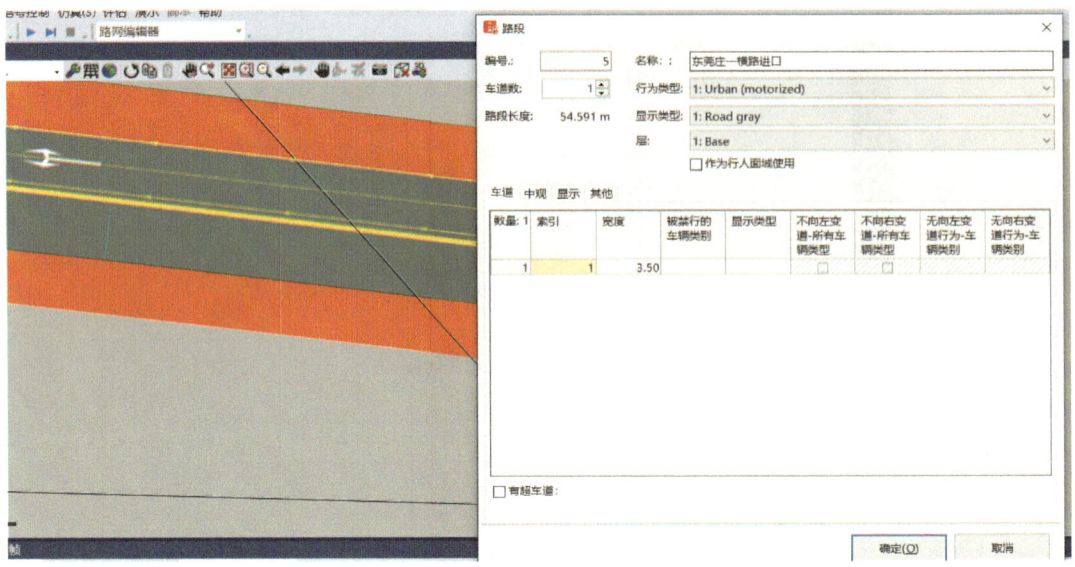

图 3-6　绘制路段及编辑参数

4. 连接各个路段

（1）选取要连接的路段，点击右键然后拉向要被连接的 link，之后显示出参数界面（包括可以取的曲线点的数目、路段里的不同车道等），设置完相关参数之后就生成了路段之间的连接线，如图 3-7、图 3-8 所示。

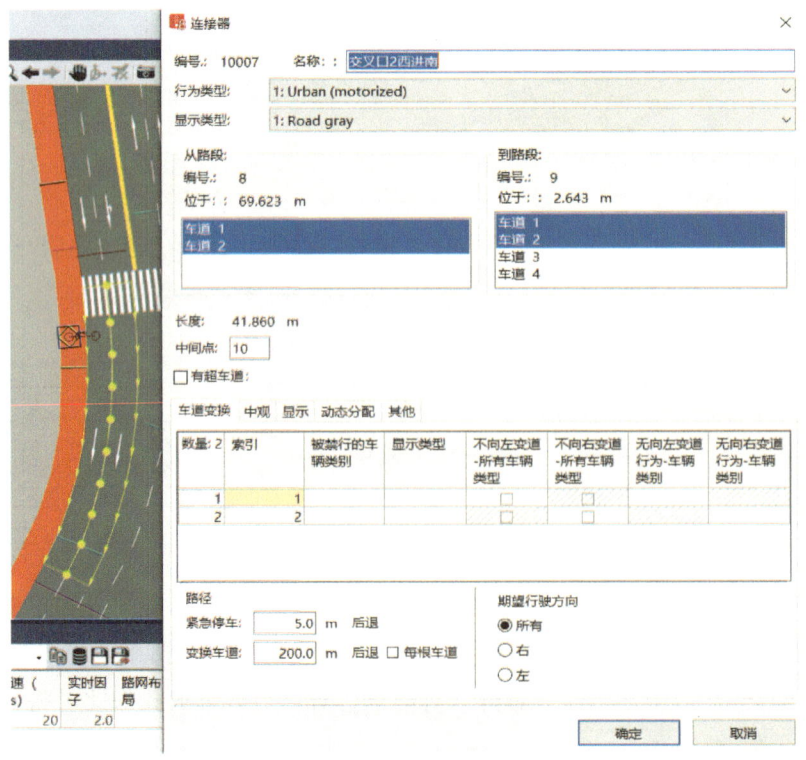

图 3-7　路段连接器

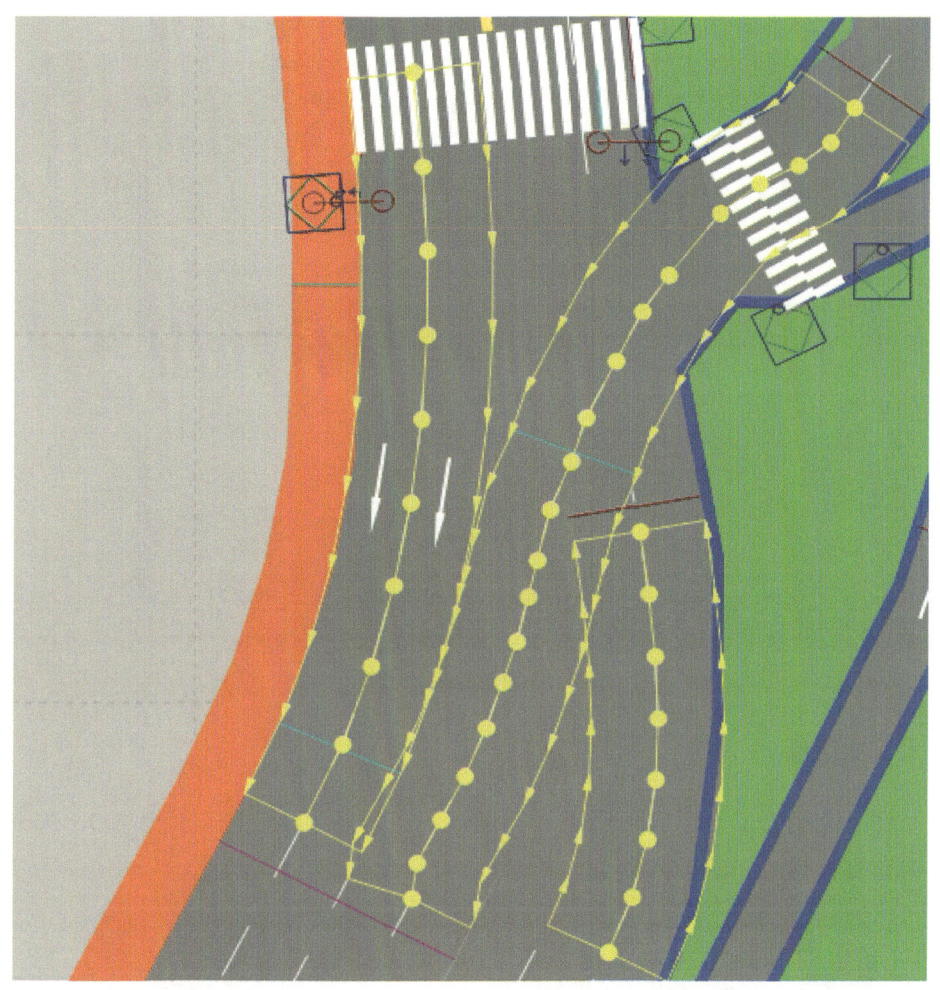

图3-8 交叉口内路段连接器

（2）依次连接所有可行的路段，绘制出整个路网，为下一步打好基础，如图3-9所示。

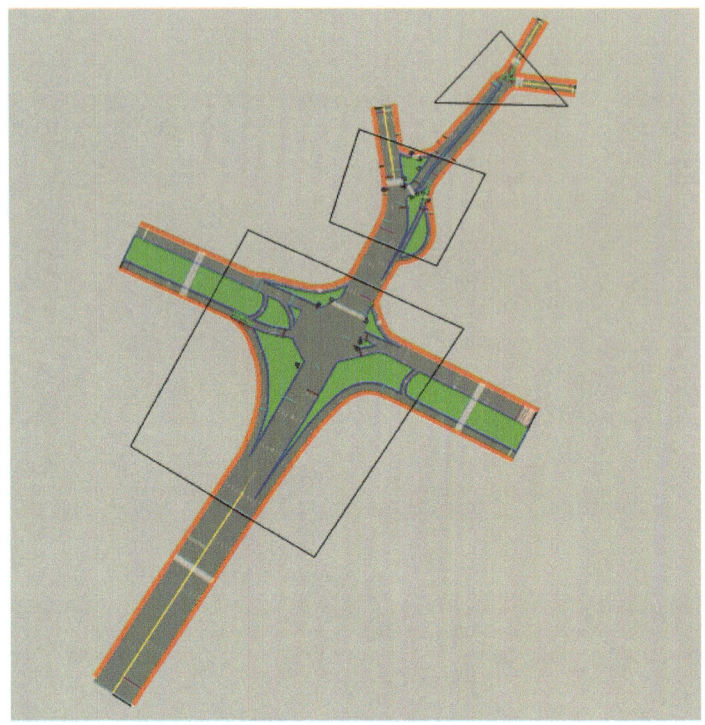

图3-9 整体路网示意图

5. 加入交通量

（1）使用最左边工具栏里车辆输入的远端起点（交叉口的进口道远端），选中该路段后点击右键，得到车辆输入界面。

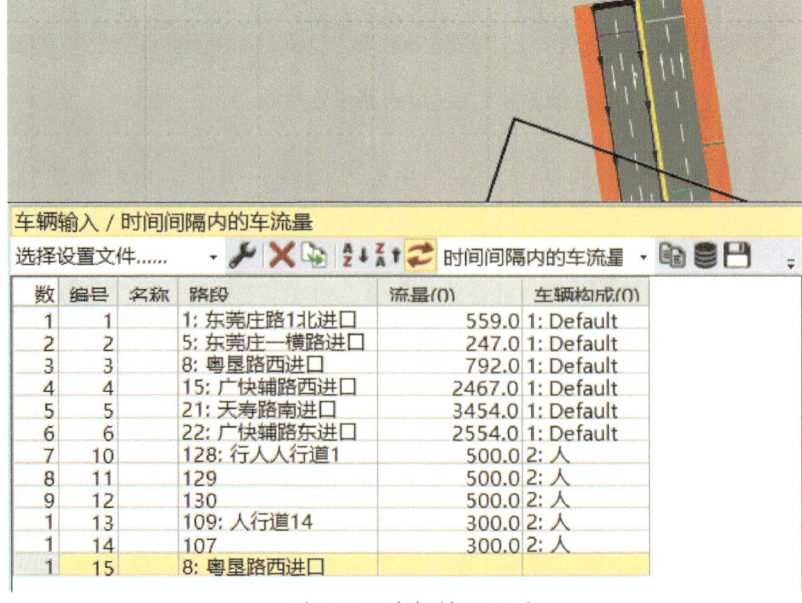

图3-10 车辆输入汇总

（2）将每个路段车辆输入进行编号，命名，输入流量、车辆构成，可得到图3-10所示汇总情况，可进行批量更改。

6. 设置车辆运行路径

（1）使用最左边工具栏里的"静态车辆路径"键，在选取路段上点击右键，然后按左键选取想输入的位置，则可以得到图示的效果。在全部路径输入完成后，双击任意路径点，可获得路径汇总，可进行编辑查看，如图3-11所示。

图3-11 车辆路径输入汇总

（2）图中的浅绿色线即为点击设置路径的位置。按该路径，车辆可以向两个方向运行。设置路径必须保证之前连好的路段和连接器之间是衔接的。

7. 设置信号灯配时

（1）首先选取菜单栏的"信号控制"中的"信号控制机"选项，如图3-12、图3-13所示。

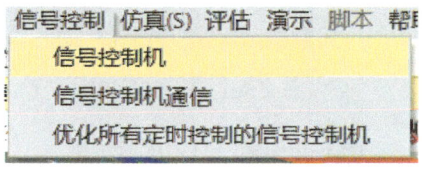

图3-12 信号控制机

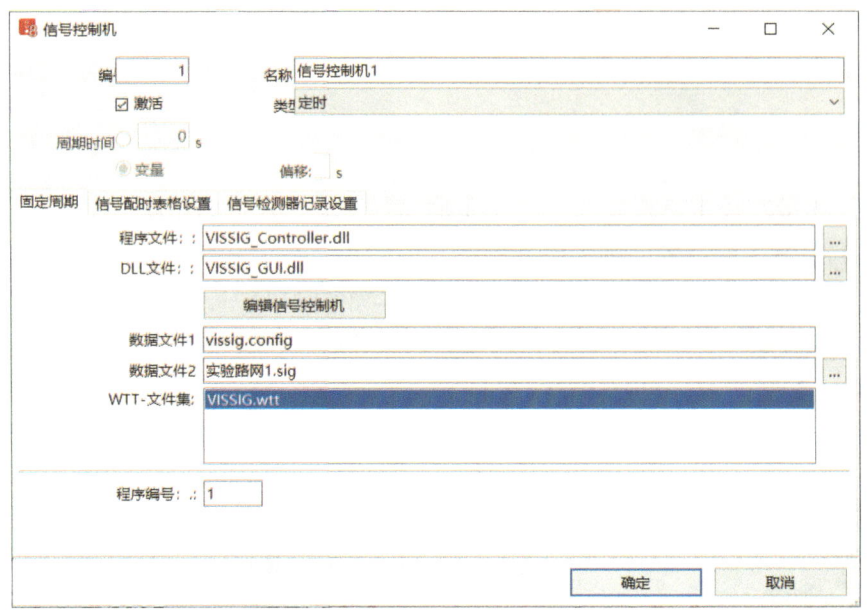

图3-13 编辑信号控制机

（2）新建信号配时方案之后，选取最简单的固定配时进行设置：首先点击"编辑信号控制机"，在新的界面里根据要仿真的实际相位需求添加需要的信号灯组，然后添加新的信号配时方案；接着在信号灯组中选取红绿灯的形式，之后在信号配时方案中进行相位设置，控制不同灯组出现的时间，图3-14所示为信号灯组配时示例。

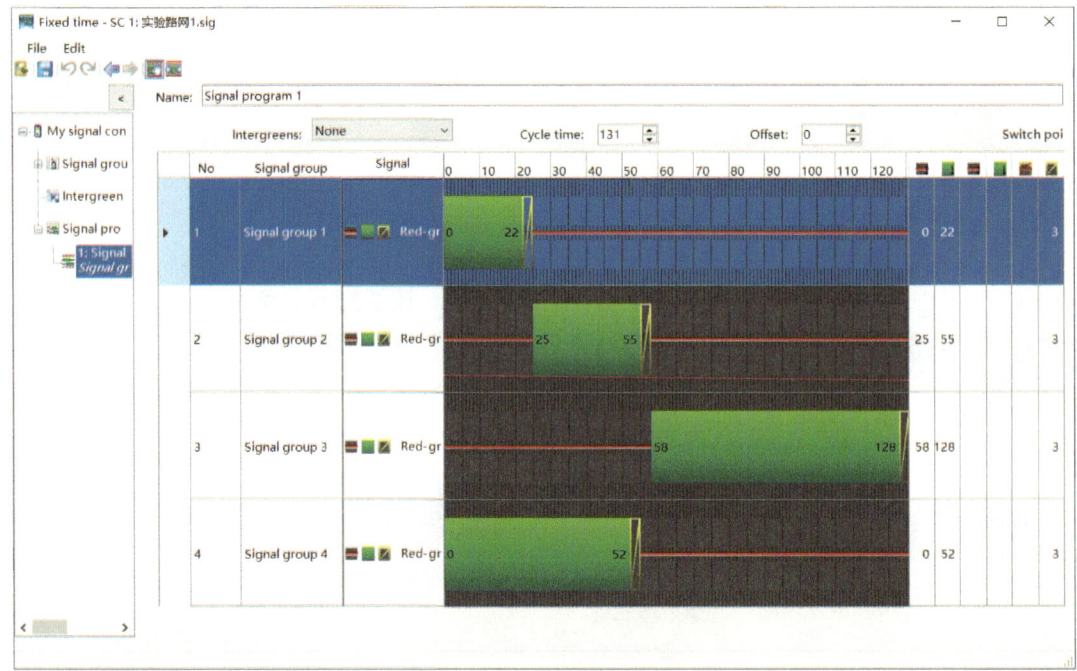

图3-14 信号灯组配时示例

（3）保存信号灯组配时方案之后，就可以使用工具栏的信号灯进行信号灯的放置，选中要放置信号灯的车道，点击右键即可得到参数输入界面（见图3-15），注意依照实际情况，选好信号控制机及信号灯组（和上一步的设计相关），设置好信号灯后可以在特定位置添加3D信号灯，点击"添加信号灯"设置对应的信号灯组（见图3-16），可得如图3-17所示的3D信号灯效果图。

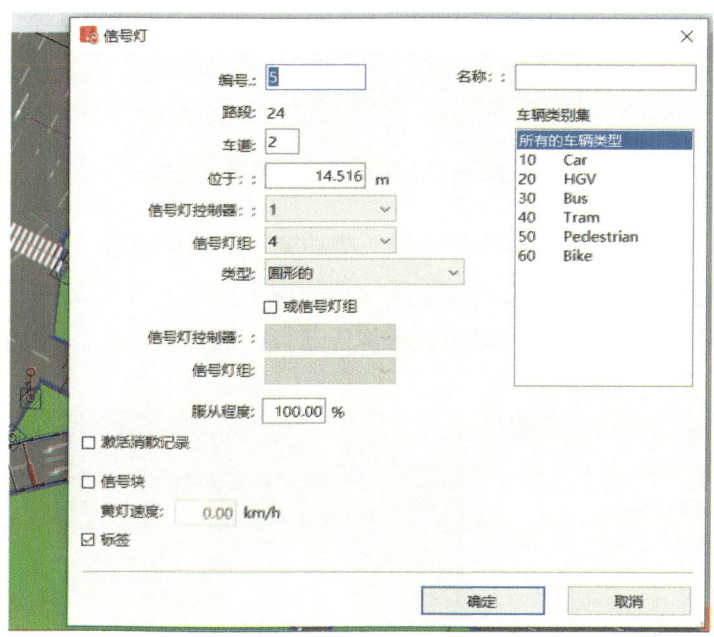

图3-15　信号灯设置

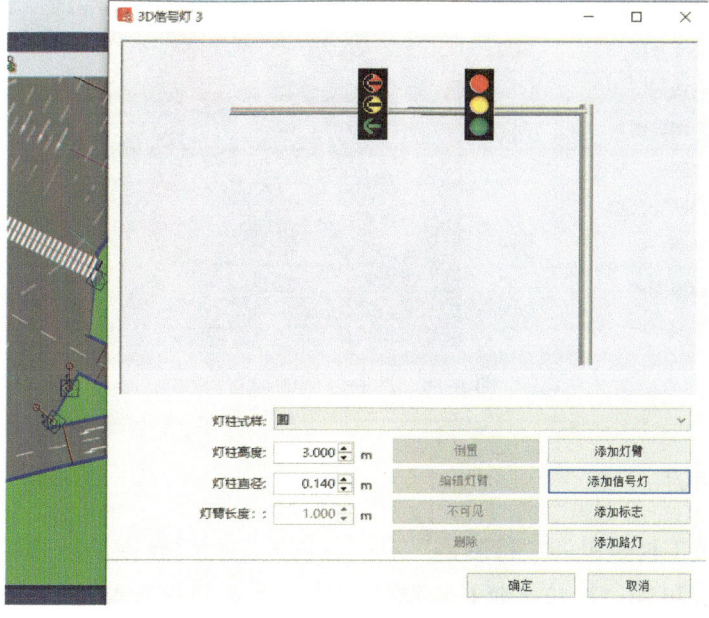

图3-16　3D信号灯设置

图3-17 3D信号灯效果图

（4）针对交叉口中信号灯不能解决的一些冲突，使用最左边工具栏里的"冲突区域"进行冲突区的处理。使用左键选取待处理的两个路段，选取成功后两个路段同时变为黄色，此时点击右键调节，绿色表示优先通行，红色表示让行，如图3-18所示。

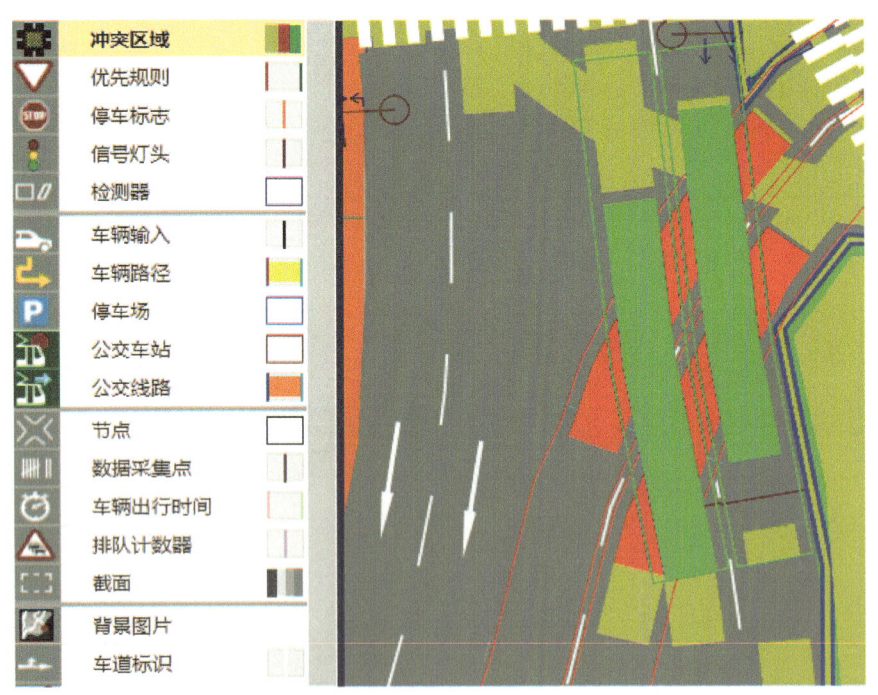

图3-18 冲突区域的设置

8. 添加检测器

使用最左边工具栏里的"检测器"进行数据监测点的放置，仍然是选中车道之后点击右键放置，可通过拖拉来延长检测器的长度，然后进行参数的选取，如图3-19所示。

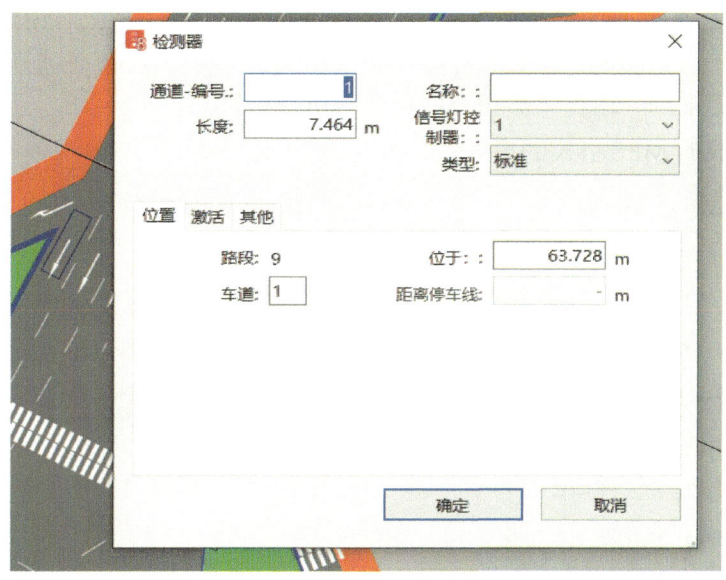

图3-19 设置检测器

9. 进行数据采集的设置

选取"文件"选项，然后点击"数据采集的配置"，依照上一步所放的检测器，一一新建数据监测点，之后在配置中选取想要检测的车辆类型，包括之前创建的类别，如图3-20所示，点击"确定"，在进行仿真模拟之后就会在对应文件夹里得到MES文件，即为一份评价文件。

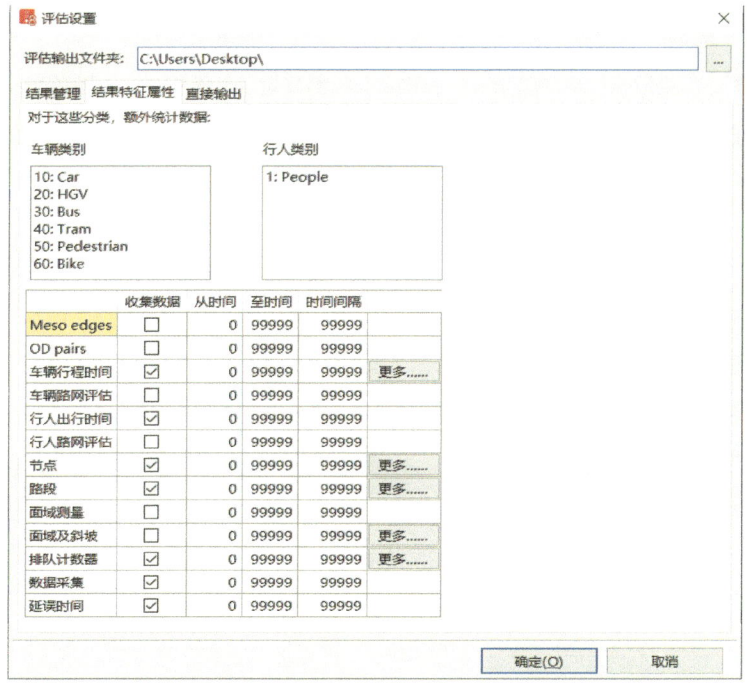

图3-20 评估设置

10. 运行模拟与评价

点击主界面上的"运行"按钮，即可得到仿真结果。

以下是生成的 MES 格式的报告：

数据检测记录（统计数据）

文件：\daolu\3\3.inp

注释：

日期：**** 年 ** 月 ** 日 23:13:34

VISSIM:5.30-03[27078]

数据检测断面1：检测断面1

数据检测断面2：检测断面2

数据检测断面3：检测断面3

数据检测断面4：检测断面4

数据检测断面5：检测断面5

数据检测断面6：检测断面6

数据检测断面7：检测断面7

数据检测断面8：检测断面8

措施：数据检测断面编号

从：统计平均间隔的起始时间

到：统计平均间隔的结束时间

车辆数量：车辆数

措施；从；到；车辆数量；车辆数量；车辆数量；车辆数量；车辆数量；车辆数量；车辆数量

；；；；；；；FCD；小汽车；货车；大型客车；电车；行人；自行车

1;0;600;3;32;0;0;0;0;0

2;0;600;4;34;1;0;0;0;0

3;0;600;5;27;1;0;0;0;0

4;0;600;6;44;3;0;0;0;0

5;0;600;1;29;1;0;0;0;0

6;0;600;3;43;0;0;0;0;0

7;0;600;2;25;0;0;0;0;0

8;0;600;3;44;1;0;0;0;0

实验二　VISSIM行人仿真及公交仿真

（一）实验目的

上一节已经简单介绍了VISSIM的基础操作应用以及机动车路段和交叉口的运行仿真，本节通过对行人和公交的仿真应用，使读者能进一步加强对VISSIM仿真软件的掌握。

（二）实验内容

（1）对华南理工大学慎思楼附近行人进行模拟仿真；
（2）对华南理工大学校园公交进行简单的模拟仿真。

（三）实验方法和步骤

1. 行人仿真

1）导入底图

将截取的华南理工大学32号教学楼附近地图导入VISSIM中作为底图，并设置比例，如图3-21所示。

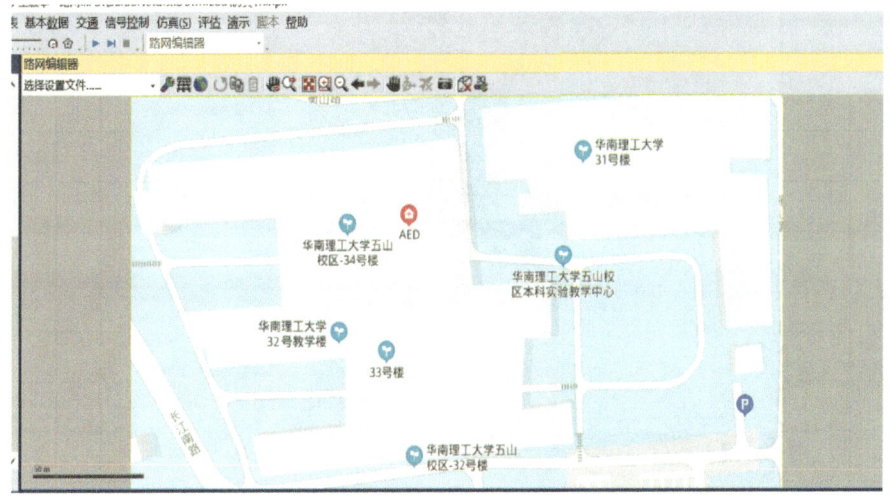

图3-21　导入底图示意图

2）画行人面域

点击菜单栏的"面域"按钮，鼠标右键构建不规则的行人面域，也可通过更改画矩形的面域，如图3-22所示。

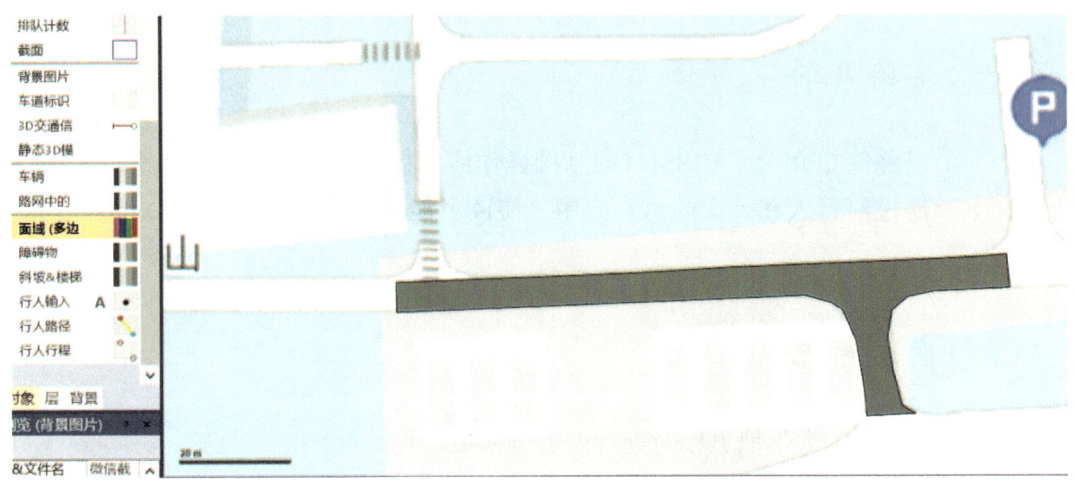

图3-22 画行人面域

3）连接各个面域

点击左侧菜单栏中"斜坡&楼梯"按钮进行楼梯的构建，通过楼梯和面域连接各个面域，如图3-23、图3-24所示。

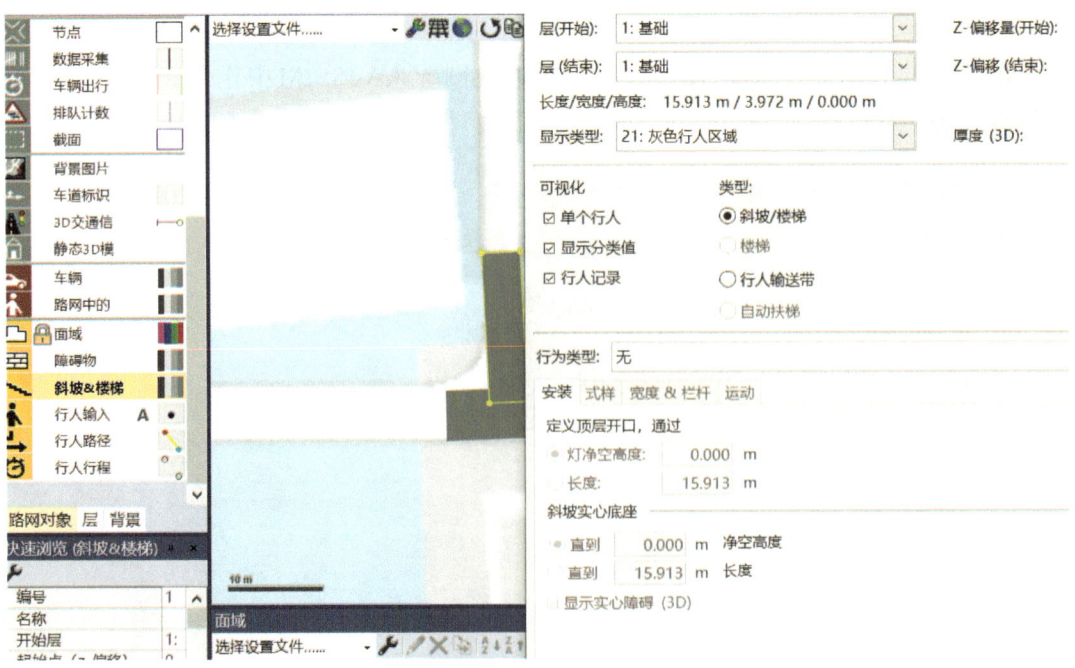

图3-23 画楼梯

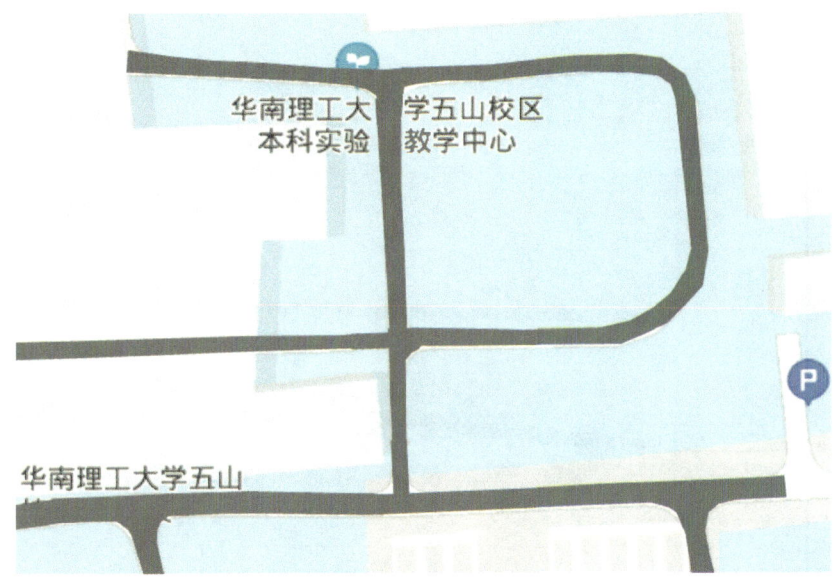

图 3-24 连接后的面域

4）行人输入

点击左侧"行人输入",在一块"面域"上用鼠标右键进行行人流量的输入,如图 3-25 所示。

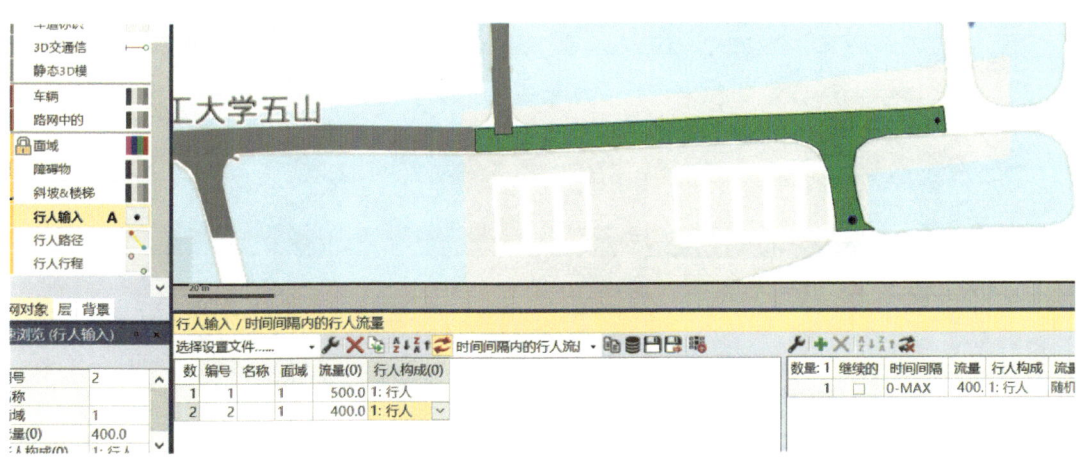

图 3-25 行人流量输入

5）设置行人路径

点击左侧"行人路径",用鼠标右键点击"上一步",输入行人流量的面域,拖动鼠标至行人目的地的面域的路径终点进行路径划分,并设置各条路径的行人比例,如图 3-26 所示。

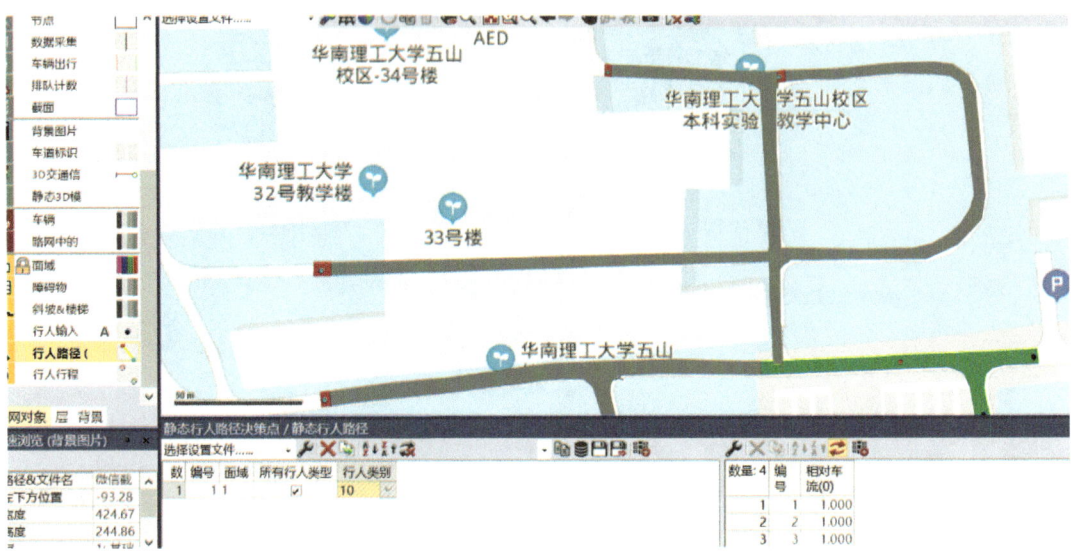

图 3-26　行人路径划分

6）静态 3D 模型构建

点击左侧的"静态 3D 模型"可以将 VISSIM 软件自带的 3D 模型设置在路网环境中，也可通过 CAD 软件构建模型并导入 VISSIM 中设置，如图 3-27、图 3-28 所示。

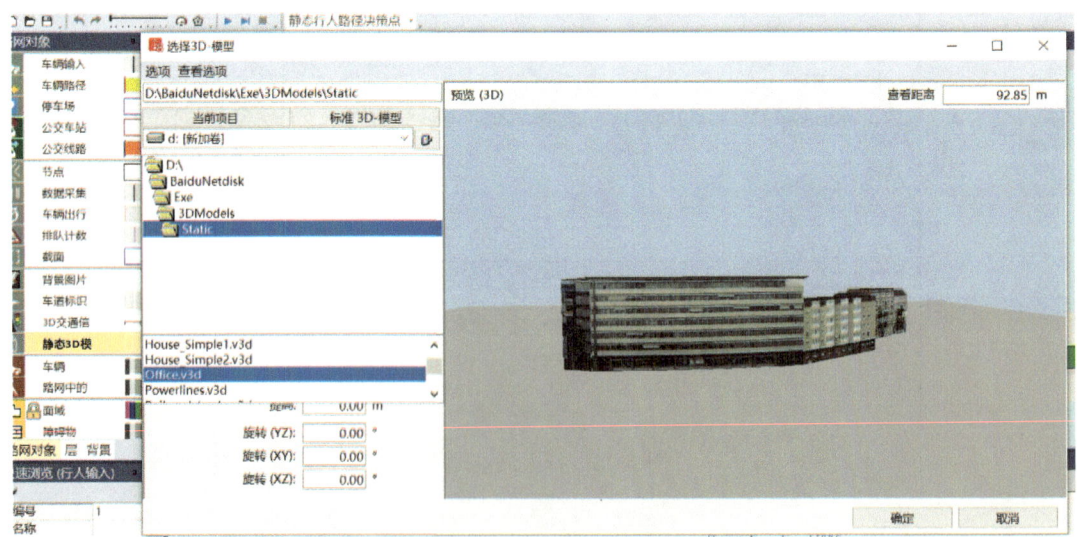

图 3-27　静态 3D 模型设置

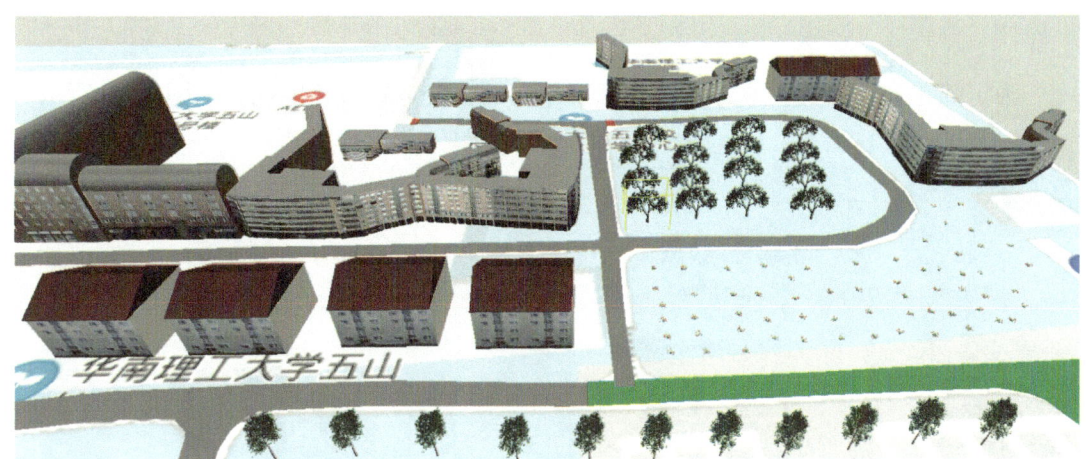

图3-28　3D实景图

7）运行仿真

设置完仿真相关参数后即可进行仿真，得到仿真结果。

2. 公交仿真

1）导入底图

将截取的华南理工大学图书馆（北校区）附近地图导入VISSIM中作为底图，如图3-29所示。

图3-29　华南理工大学图书馆示意图

2）画路网

为了简单介绍公交仿真，在此只画了单向的公交运行线路路网，如图3-30所示。

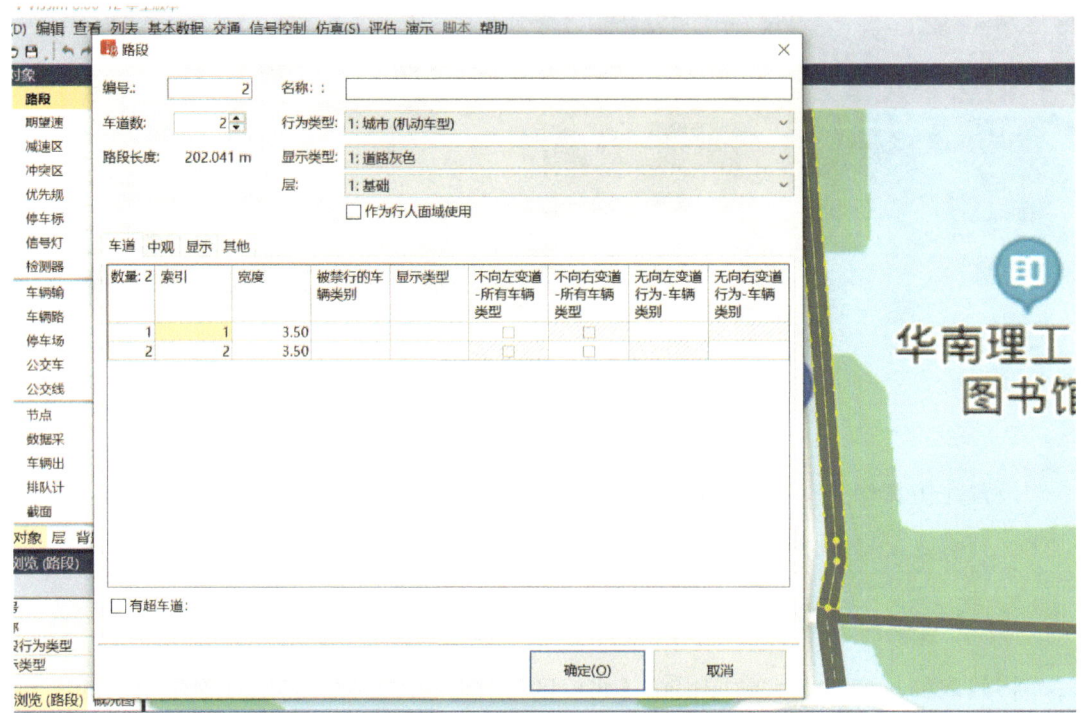

图3-30 画单向的公交运行线路路网

3）添加公交车站

点击左侧"公交车站"，在已经画好的路网上点击鼠标右键即可添加公交车站，如图3-31所示。

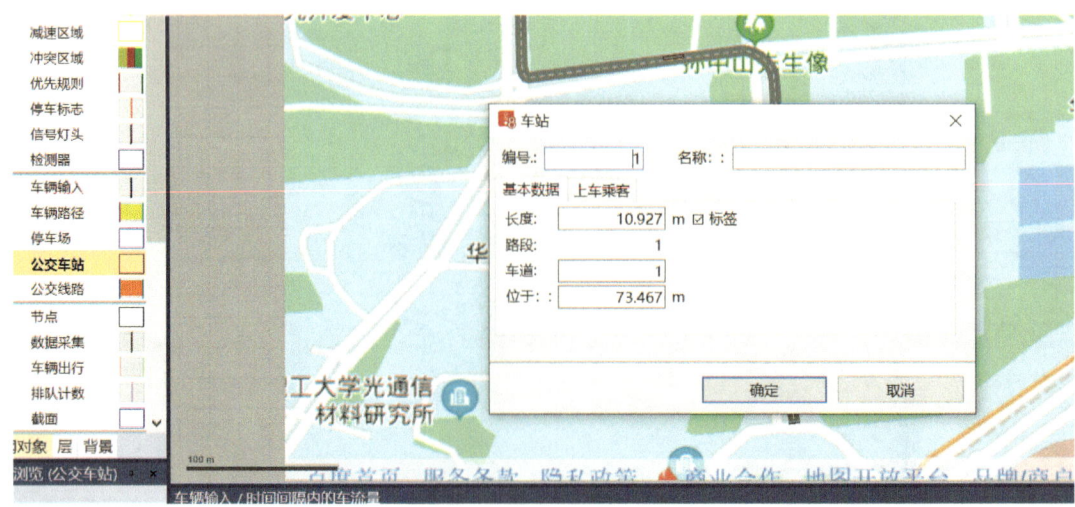

图3-31 添加公交车站

4）车辆输入和路径决策

点击左侧"车辆输入"按钮进行车流量和公交流量的输入，可以通过设置车辆构成来进行公交车和小汽车的车辆比例设置，如图3-32、图3-33所示。

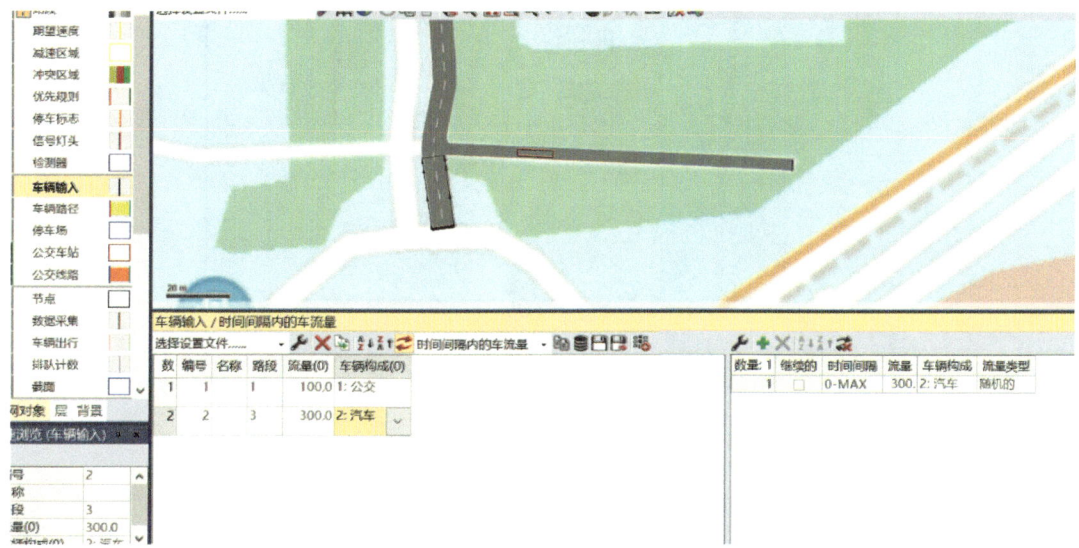

图3-32 车流量输入

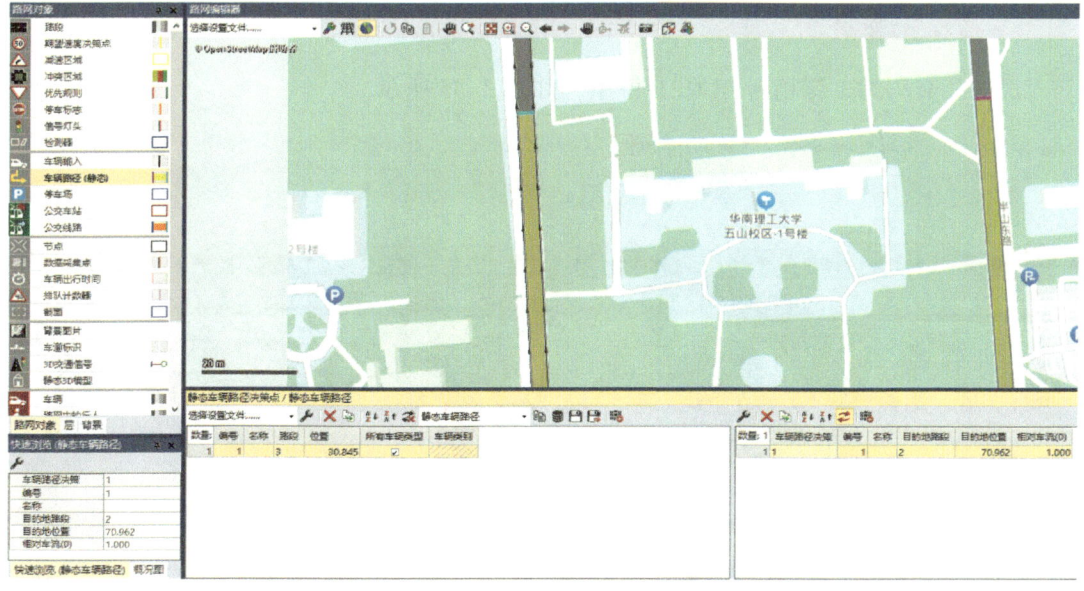

图3-33 添加路径决策点

5）添加公交线路

点击左侧"公交线路"按钮，用鼠标右键点击路网端点并拖动鼠标至线路末端进行线路添加，如图3-34所示。

图3-34 添加公交线路

6）添加3D模型

添加公交车站、绿植等相关3D模型，如图3-35所示。

图3-35 3D环境图

7）运行仿真

设置相关仿真参数即可进行运行仿真，也可如本章第一节一样设置检测器检测。

第四章 交通管理与控制实验

实验一 交通信号控制实验箱基本操作

(一)实验目的

本次实验可使操作者了解交通信号控制实验箱(以下简称信号控制机)的各种控制参数与各项基本功能,熟悉交通信号控制机的操作方法,掌握交通信号的几种主要控制方式,熟练掌握控制面板各功能选项的使用,从而既对交通信号控制机有一个整体性的认识,也对其基本概念和工作原理有更全面的了解。

(二)实验要求

1. 了解交通信号控制机的基本运行文件

①相位文件。
②时段文件。
③特殊日期。

2. 了解交通信号控制机的工作状态

①步伐时长。
②剩余倒计时。
③运行时段方案。
④运行相位方案。
⑤相位总步伐。
⑥当前相位步伐。
⑦相位子步伐(绿灯放行/行人绿闪/机动绿闪/黄灯/全红清除等)。

3. 掌握交通信号控制机的几种主要控制方式及其应用场合

①默认相位。

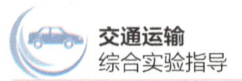

②关灯相位。
③黄闪相位。

（三）实验内容

（1）仔细观察交通信号控制机出厂时所配置的默认相位文件，并描述相位文件的功能与设置依据。

（2）当东西方向交通流基本对称，左转车流较大时，需要为左转车辆提供专用相位；当南北方向交通流基本对称，左转车流较小，无需为左转车辆提供专用相位时，试给出交通信号控制机相应的相位文件。

（3）给出时段文件以及特殊日期之间的关系，并说明当需要对某特殊日期进行特殊日设定时，操作者应根据交通流特性对交通信号控制机中的参数进行修改。

实验二　单点信号控制实验

（一）实验目的

通过本次实验，操作者可掌握信号控制机的相位文件、时段文件与特殊日期的设置，学会通过控制面板的功能菜单实现对交通信号控制机各项参数的修改，并进行模拟验证，从而对交通信号控制机的工作模式和设置过程有一个更为全面深入的了解，能根据路口不同日期、不同时段的实际配时需求，对信号控制机的控制参数进行正确设置。

（二）实验要求

（1）掌握如何将设定好的相位文件存储在交通信号控制机中。
（2）掌握如何将设定好的时段相位存储在交通信号控制机中。
（3）掌握如何将设定好的特殊日期存储在交通信号控制机中。
（4）熟悉特殊日期中优先级别的含义与作用。
（5）了解如何根据实际路口特性修改信号控制机的相关参数，以适应实际路口信号控制的需要。

（三）实验内容

（1）想一想：如何通过修改交通信号控制机的控制参数，实现三相位或两相位的信号控制？如果交叉口较小，信号控制机的哪些控制参数需要修改？

（2）已知某一交叉口在10月1日的交通流状况与平日相差较大，需要进行特殊日控制。假设设计人员根据该交叉口的交通流状况进行了不同时间段的信号配时，具体的信号配时如表4-1所示，请进行设定。

表4-1　信号配时表

时段1	0:00—6:00	四面黄闪
时段2	6:00—7:30	东西向直行绿灯时间40 s、左转绿灯时间20 s；南北向直行绿灯时间30 s、左转绿灯时间20 s
时段3	7:30—9:00	东西向直行绿灯时间50 s、左转绿灯时间20 s；南北向直行绿灯时间40 s、左转绿灯时间25 s
时段4	9:00—11:00	东西向直行绿灯时间60 s、左转绿灯时间25 s；南北向直行绿灯时间40 s、左转绿灯时间30 s
时段5	11:00—14:00	东西向直行绿灯时间50 s、左转绿灯时间20 s；南北向直行绿灯时间40 s、左转绿灯时间25 s
时段6	14:00—16:30	东西向直行绿灯时间40 s、左转绿灯时间20 s；南北向直行绿灯时间30 s、左转绿灯时间20 s
时段7	16:30—18:00	东西向直行绿灯时间50 s、左转绿灯时间20 s；南北向直行绿灯时间40 s、左转绿灯时间25 s
时段8	18:00—21:00	东西向直行绿灯时间60 s、左转绿灯时间25 s；南北向直行绿灯时间40 s、左转绿灯时间30 s
时段9	21:00—22:30	东西向直行绿灯时间50 s、左转绿灯时间20 s；南北向直行绿灯时间40 s、左转绿灯时间25 s
时段10	22:30—23:59	四面黄闪

实验三　交通信号控制机软件操作

（一）实验目的

通过本次实验，操作者可熟悉交通信号控制机软件的基本操作，掌握使用交通信号控制机软件生成交通信号控制方案的操作方法，掌握利用信号输出实现非对称式交通信号控制方案时信号机输出与信号灯的连接方法，从而熟练掌握交通信号控制机软件的使用，能通过交通信号控制机软件，实现对交通信号更为灵活的控制。

（二）实验要求

（1）学会使用交通信号控制机软件查询与修改控制参数。
（2）能通过交通信号控制机软件实现对信号控制机的完全在线控制和模拟仿真。
（3）学会利用交通信号控制机软件进行交通信号控制方案的生成与修改。

（三）实验内容

（1）通过交通信号控制机的应用软件，将信号机信号发至信号灯，实现信号控制机对路口信号灯的在线控制和控制参数的查询与修改。

（2）假设某一交叉口南北向的左转车辆较多且未设左转专用车道，设计者为其选取的信号相位方案（非对称式交通信号控制方案）如图4-1所示。请利用交通信号控制机软件生成相应的信号控制方案，在交通信号控制机上直观准确地模拟运行，并通过定义交通信号控制机的相位文件实现该信号相位文件的信号输出，然后将该信号相位文件通过交通信号控制机在相关路口模拟出来。

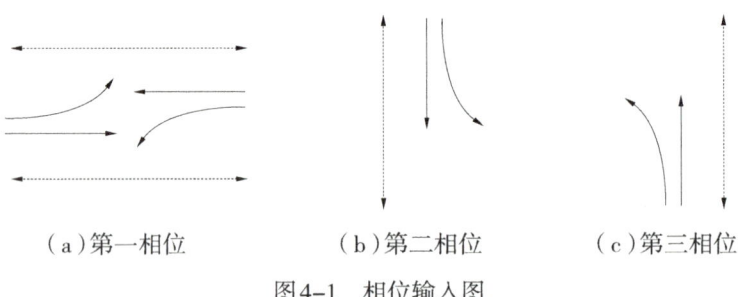

（a）第一相位　　　（b）第二相位　　　（c）第三相位

图4-1　相位输入图

实验四　双向绿波协调控制

（一）实验目的

通过本次实验，操作者可了解基于理想路口间距的双向绿波协调控制算法，掌握使用交通信号控制机软件生成干道双向绿波协调控制方案的操作方法，并学会利用交通信号控制机软件实现干道单向绿波协调控制与干道同步式协调控制，从而运用交通信号控制机软件生成不同形式的干道协调控制方案，并学会通过交通信号控制机生成相位文件，将其应用到相连的十字路口当中。

（二）实验要求

（1）进一步加深了解双向绿波协调控制算法。
（2）学会使用交通信号控制机软件实现干道双向绿波协调控制。
（3）学会使用交通信号控制机软件实现干道单向绿波协调控制。
（4）学会使用交通信号控制机软件实现干道同步式协调控制。

（三）实验内容

（1）通过操作交通信号控制机软件生成干道双向绿波协调控制方案，说明当需要对某干道进行双向绿波协调控制时，操作者应已知哪些交通量，根据哪些性能指标评价参数进行配时设计，最后输出的干道协调控制配时参数有哪些。

（2）假设需要对某一干道上的 8 个交叉口进行双向绿波控制。已知相邻路口间距分别为：路口 1 至路口 2 的距离为 365 m、路口 2 至路口 3 的距离为 435 m、路口 3 至路口 4 的距离为 576 m、路口 4 至路口 5 的距离为 397 m、路口 5 至路口 6 的距离为 643 m、路口 6 至路口 7 的距离为 582 m、路口 7 至路口 8 的距离为 486 m；各路口主干道方向绿信比依次为：60%、54%、58%、64%、52%、61%、57%、59%；初选线控公共信号周期时长为 100 s；通过带速度为 36 km/h。请利用交通信号控制机软件进行干道双向绿波协调控制的设计，并根据控制效果的好坏对其产生的原因加以说明。

（3）假设需要对某一干道上的 5 个交叉口进行双向绿波控制。已知相邻路口间距分别为：路口 1 至路口 2 的距离为 267 m、路口 2 至路口 3 的距离为 510 m、路口 3 至路口 4 的距离为 703 m、路口 4 至路口 5 的距离为 467 m；各路口主干道方向绿信比依次为：60%、57%、52%、59%、62%；初选线控公共信号周期时长为 100 s；通过带速度为 36 km/h。请利用交通信号控制机软件进行干道双向绿波协调控制的设计，并根据控制效果的好坏对产生的原因加以说明。

（4）请利用交通信号控制机软件自行设计某干道的双向绿波协调控制、单向绿波协调控制、同步式协调控制，并通过交通信号控制机软件将协调控制配时参数应用到相应路口的信号灯中去。

实验五　交通信号控制机基本操作

（一）实验目的

本次实验中，操作者可通过交通信号控制机软件了解该交通信号控制机的软硬件结构组成和一些基本功能及特点，了解该交通信号控制教学设备与路口交通信号控制机之间的异同，加深对信号控制机在整个智能交通控制系统中的功能的认识，从而对交通信号控制机有一个系统、全面、深入的认识，将课堂所学与实际情况紧密联系起来，为以后的实际工作奠定坚实的基础。

（二）实验要求

（1）了解交通信号控制机（该教学设备）的硬件结构。
（2）了解交通信号控制机（该教学设备）的软件实现。
（3）了解路口交通信号控制机的结构组成。
（4）了解交通信号控制机在实际使用过程中可能存在的机器、线路故障以及应采取的诊断与防护技术。
（5）了解路口交通信号控制机在整个智能交通控制系统中发挥的作用。

（三）实验内容

（1）联系交通信号控制机所具备的基本功能，说说信号控制机的硬件结构必须由哪几部分组成。
（2）与路口交通信号控制机相比，该交通信号控制教学设备还需要配备哪些功能模块，才能真正构成一个实际的交通信号控制系统？
（3）通过对交通信号控制机软件的学习，说说信号控制机在实际运行中可能出现哪些故障，有何解决方案，并描述交通信号控制机在整个智能交通控制系统中的地位和作用。

实验六　交通信号控制机控制实验

（一）实验目的

（1）掌握交通信号控制机的使用方法。
（2）掌握交通信号控制的几种主要控制方式。
（3）熟练掌握控制面板各功能选项的使用，从而对交通信号控制机有一个整体性的认识，并对其基本概念和工作原理有一个较为全面的了解。

（二）实验要求

（1）掌握进行相位设置的方法。
（2）掌握时段设置方法。
（3）掌握特殊日设置方法。
（4）掌握几种单口相位控制方式的操作方法。
（5）掌握干道协调控制的基本操作。

（三）实验方法及步骤

1. 打开软件

开启实验室的交通信号控制实验箱，并在屏幕上选中信号控制机软件，打开如图4-2所示。

图4-2　交通信号控制实验箱界面

2. 信号控制机时间校准

对信号控制机的时间进行校准，如图 4-3 所示。

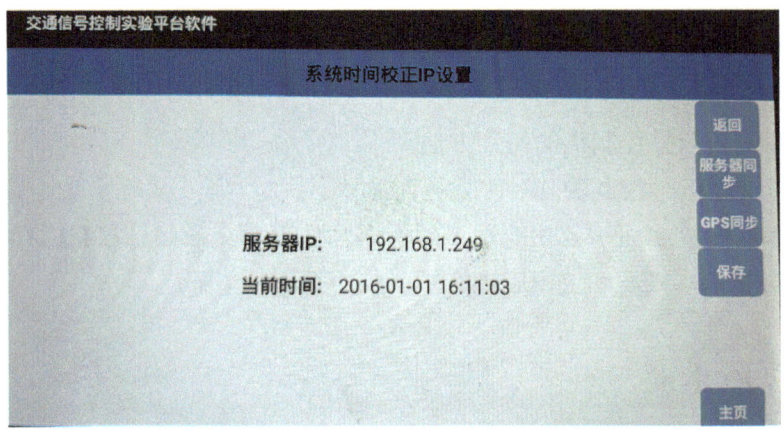

图 4-3　时间校准界面

3. 相位文件设置

进入路口编辑页面，点击"设置"→"相位文件"，对路口相位文件进行设置，如图 4-4、图 4-5 所示。

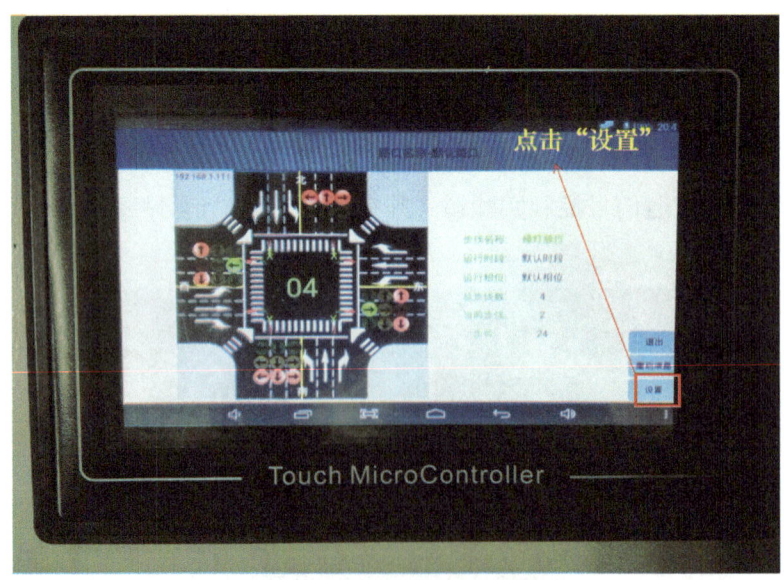

图 4-4　路口设置界面

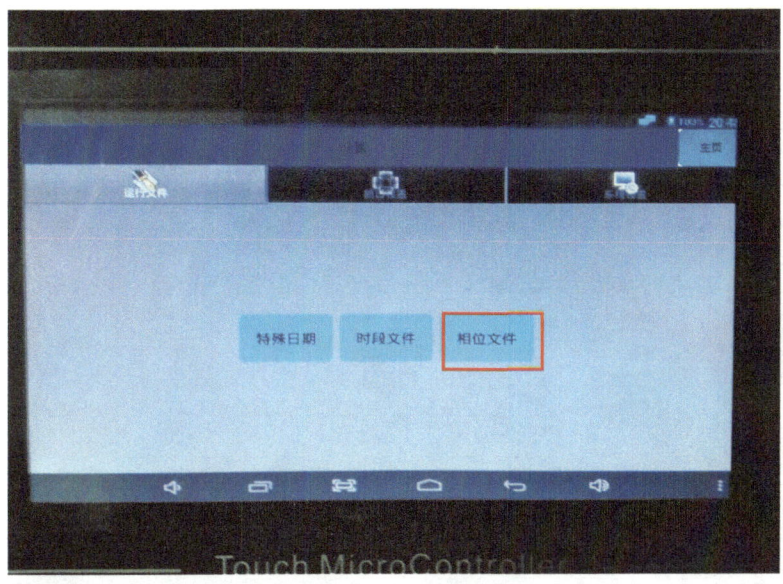

图4-5　相位文件设置

4. 相位编辑

点击"新建"进入编辑界面，对路口相位进行编辑，设置路灯时间、黄灯时间等参数，如图4-6、图4-7所示。

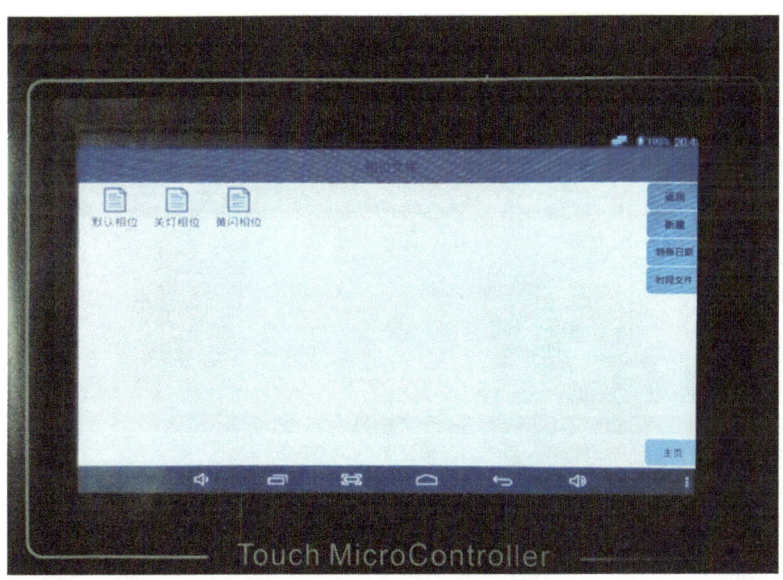

图4-6　相位编辑界面

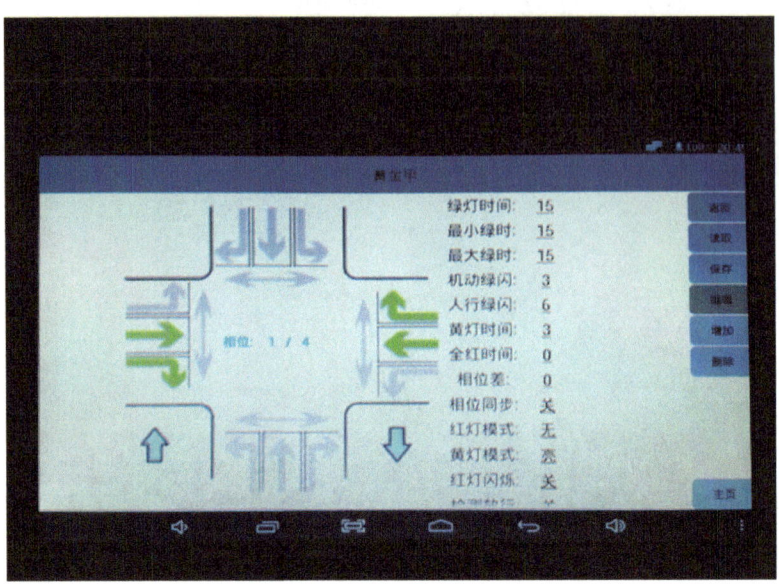

图4-7 新建相位文件

5. 时段文件设置

点击"时段文件",对时段文件进行设置,如图4-8、图4-9所示。

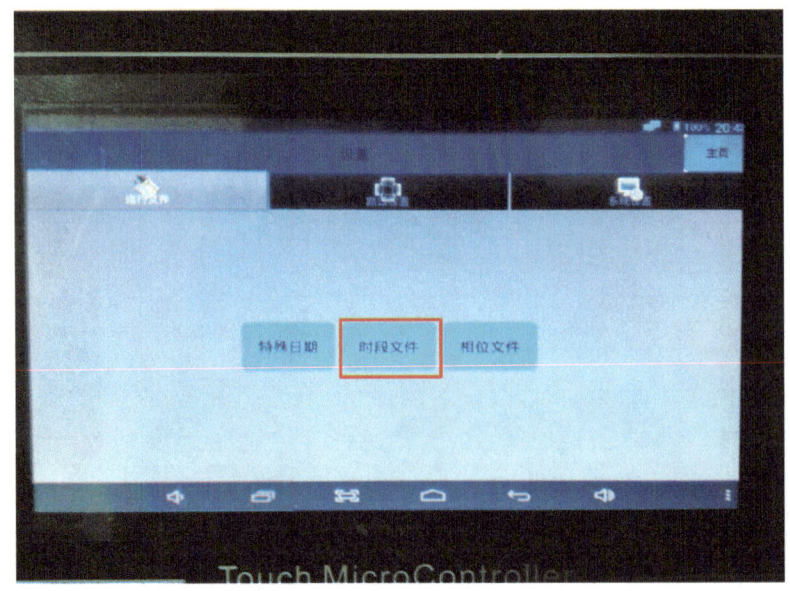

图4-8 时段文件设置

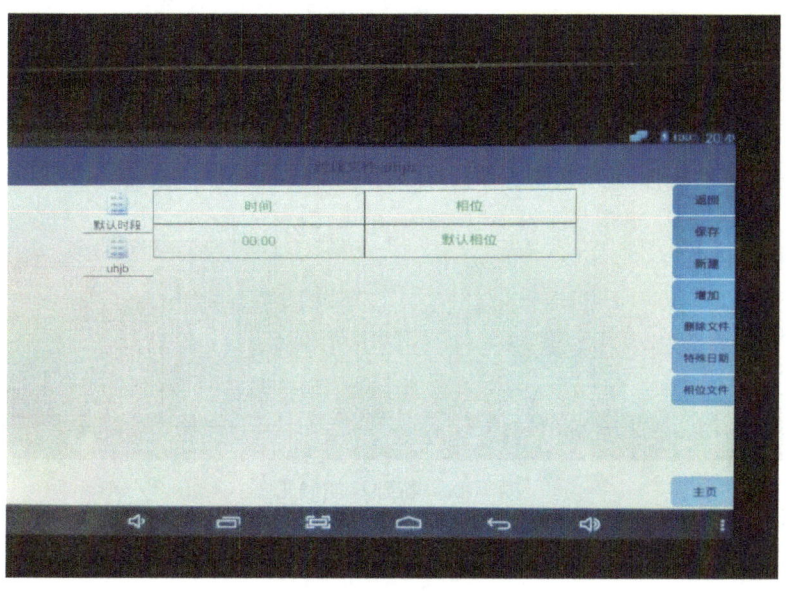

图4-9　时段文件编辑

6. 特殊日期设置

点击"特殊日期",对特殊日期进行编辑,如图4-10、图4-11所示。

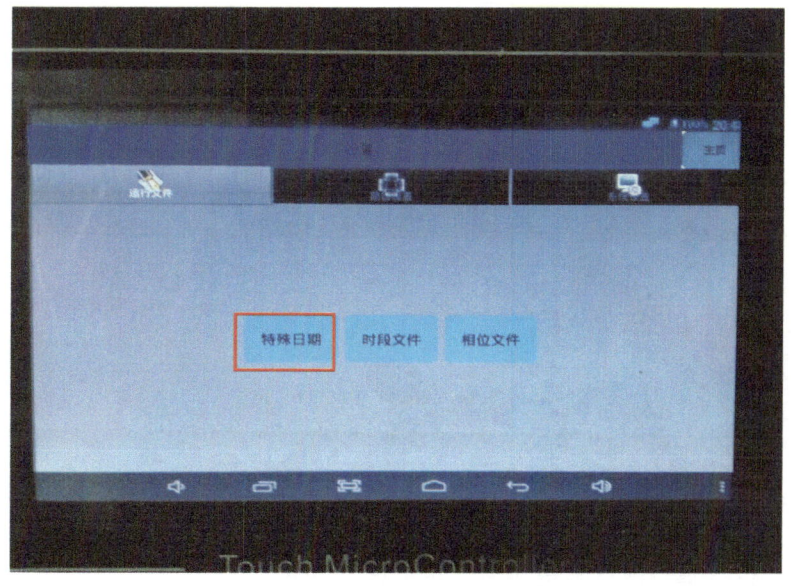

图4-10　特殊日期设置

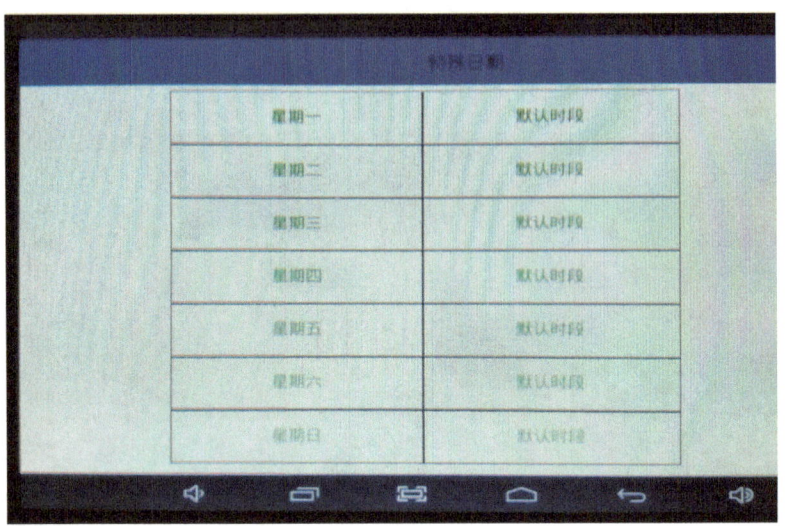

图 4-11 特殊日期编辑

7. 信号控制机与交叉口对应图

信号控制机与交叉口对应图如图 4-12 所示。

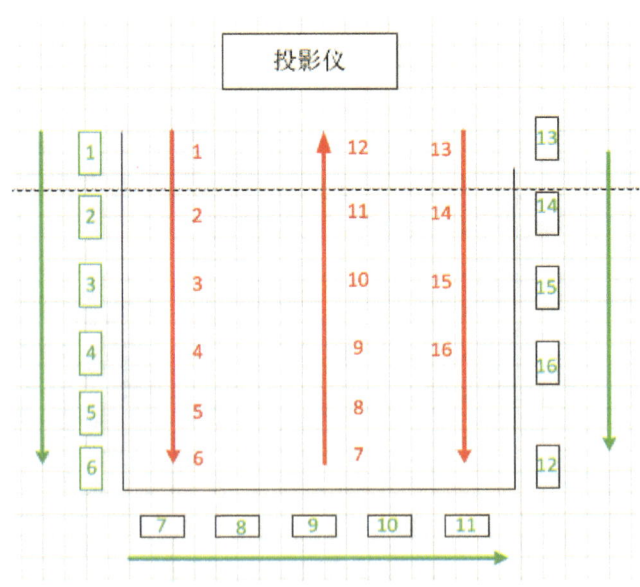

图 4-12 信号控制机与交叉口对应图

8. 对称放行、单口放行和搭接放行相位设置

1）对称放行相位设置

对称放行主要设置两个相位即南北同时放行和东西同时放行，通过对周期、相位时间、绿灯时间、最小绿灯时间、黄灯时间等参数进行设置，可以得到对称放行的信号控制方案，如图4-13、图4-14所示。

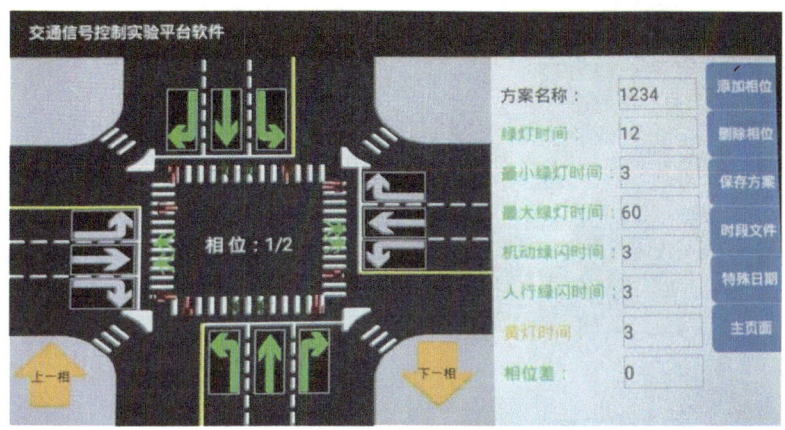

图4-13　对称放行相位1

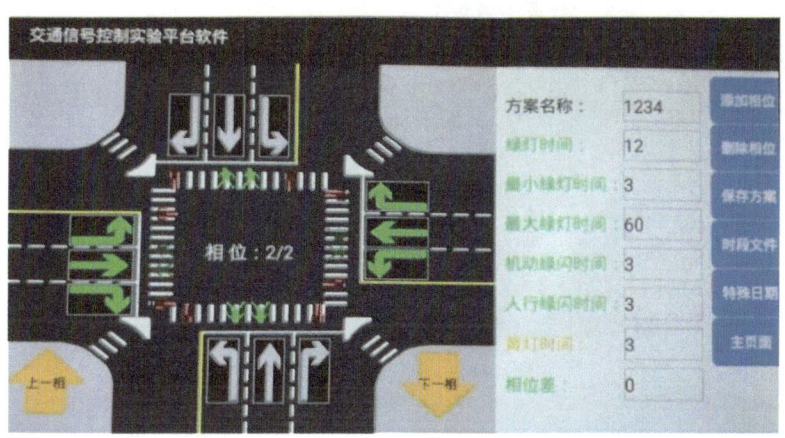

图4-14　对称放行相位2

2）单口放行相位设置

单口放行需要设置四个相位，即每个路口设置一个相位，并且按照顺时针的顺序逐次单口放行，并通过对周期、相位时间、绿灯时间、最小绿灯时间、黄灯时间等参数进行设置，得到对称放行的信号控制方案，如图4-15、图4-16、图4-17所示。

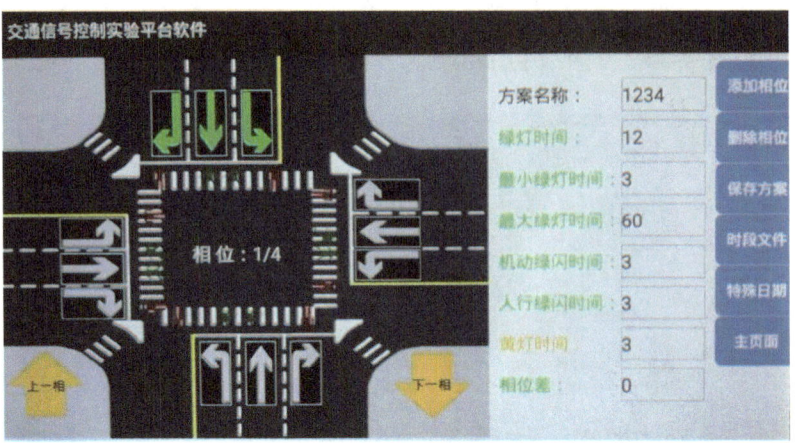

图4-15　单口放行相位1

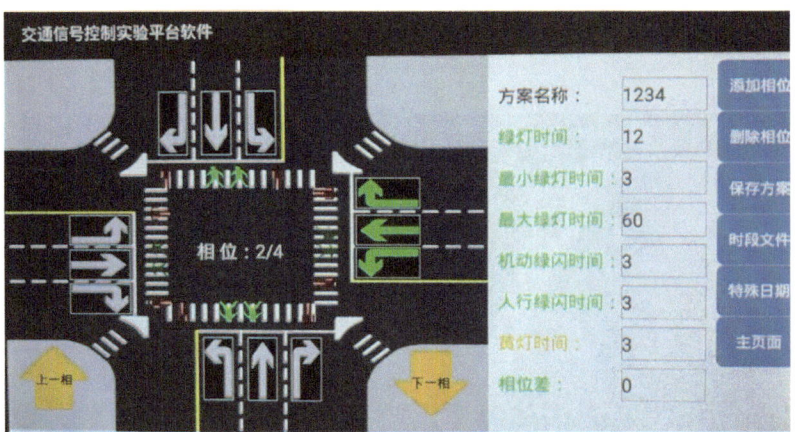

图4-16　单口放行相位2

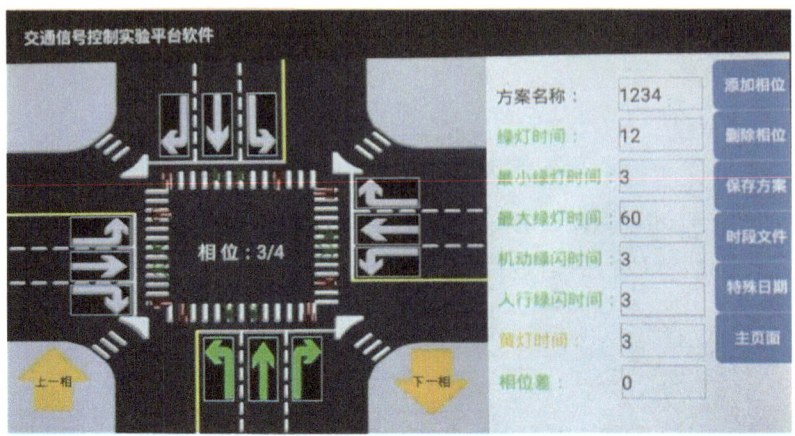

图4-17　单口放行相位3

3）搭接放行相位设置

搭接放行的信号相位组合有很多种，需要根据各个路口各个放行的车流量进行判断并设置相应的搭接相位。本次实验假设南进口左转车流量比较大，为了保障路口车辆的有效通行，设置了四个相位，并通过对周期、相位时间、绿灯时间、最小绿灯时间、黄灯时间等参数进行设置，得到搭接放行的信号控制方案，部分相位设置如图4-18、图4-19、图4-20、图4-21所示。

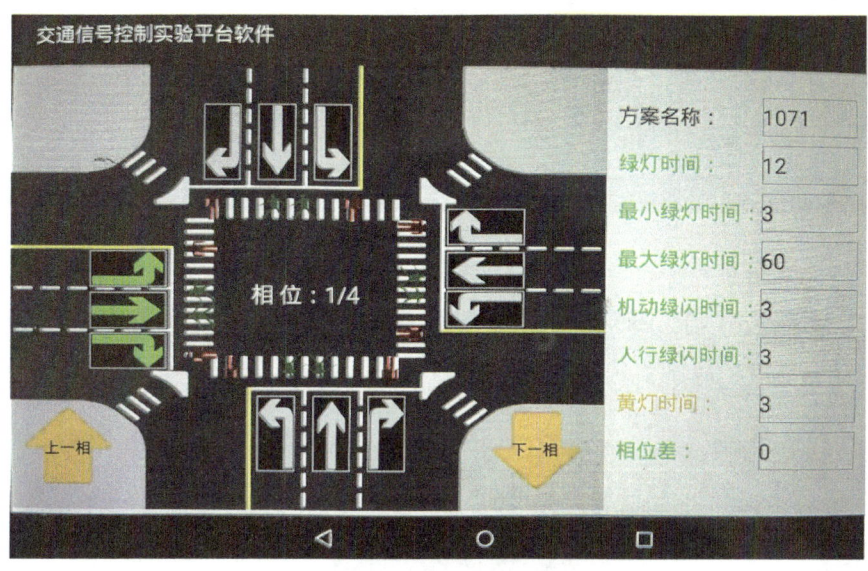

图4-18　搭接放行相位1

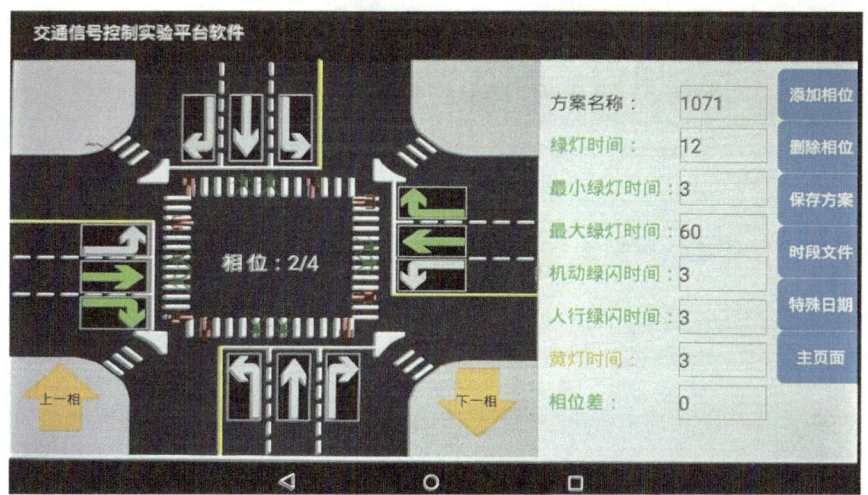

图4-19　搭接放行相位2

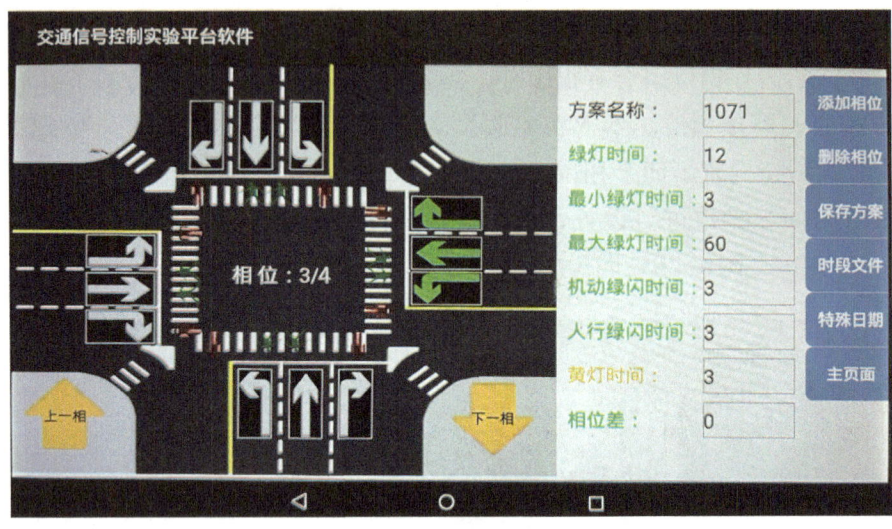

图4-20　搭接放行相位3

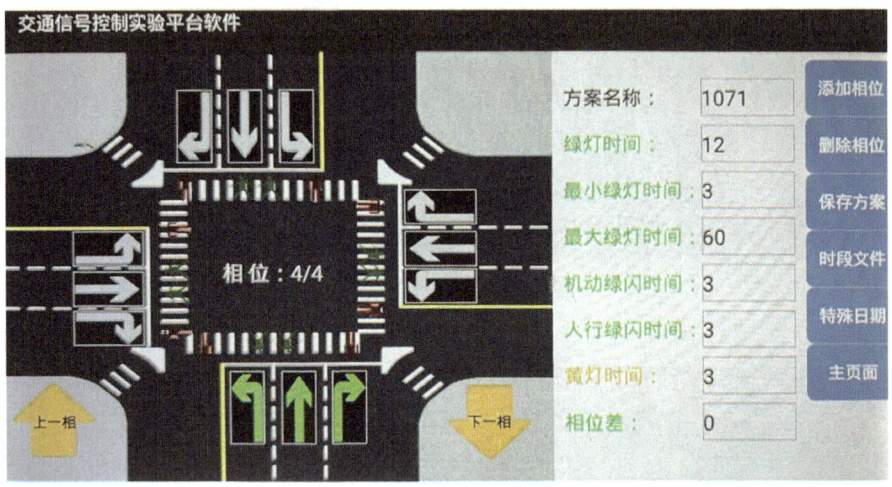

图4-21　搭接放行相位4

9. 几个路口的干道协调控制

假设几个路口为南北向干道的7、8、9号3个交叉口，3个路口都采用对称放行的控制方式。

1）统一公共周期

实验采用对称放行的信号控制方案，方便各个路口相位的设置，可将公共周期都设置为固定30 s。

2）计算路口间距及通行时间

通过模拟小车在各个路口间的行驶时间可以得出路口间的通行时间，即路口1与路口 2 之间 7 s，路口 2 与路口 3 之间 8 s。

3）设置路口之间的相位差

把 3 个路口信号控制机的时间都校准到同一时间，并都采用对称放行的信号控制方案，将路口 1 的相位差（作为基准相位差）设置为 0，将路口 2 相位差设置为 7 s，将路口 3 的相位差设置为 15 s，即可满足小车在通过各个路口时都是东西向放行的状态。

4）模拟仿真

通过对 3 个路口同时进行信号仿真，可以发现，小车可以连续通过本次实验的 3 个信号交叉口，即实现了干道绿波协调控制。

第五章 MySQL 交通数据库实验

实验一 熟悉 MySQL 的安装、使用环境及其基本工具的使用

（一）实验目的

熟悉 MySQL 的安装和用法环境。掌握 MySQL 管理工具 Navicat 的使用。了解在 Navicat 中执行 SQL 语句的方法。了解数据库及数据库对象。

（二）实验内容

（1）完全卸载 MySQL。
（2）重新安装 MySQL。
（3）数据库本地访问。

（三）实验方法与步骤

1. 完全卸载 MySQL

本次实验使用 32 位的 Windows 7 操作系统，部分机器可能已经安装了 MySQL。由于版本不同，配置未知，需要将已有的 MySQL 完全卸载，再统一安装。

（1）停止 MySQL 服务。右键点击"计算机管理（本地）"，在弹出的对话框中选择"服务和应用程序"→"服务"，在打开的本地服务中，选择名为"MySQL"的服务，单击右键，选择"停止"，如图 5-1 所示。

第五章 MySQL交通数据库实验

图5-1 停止MySQL服务

（2）卸载MySQL。通过控制面板删除MySQL，如图5-2所示。

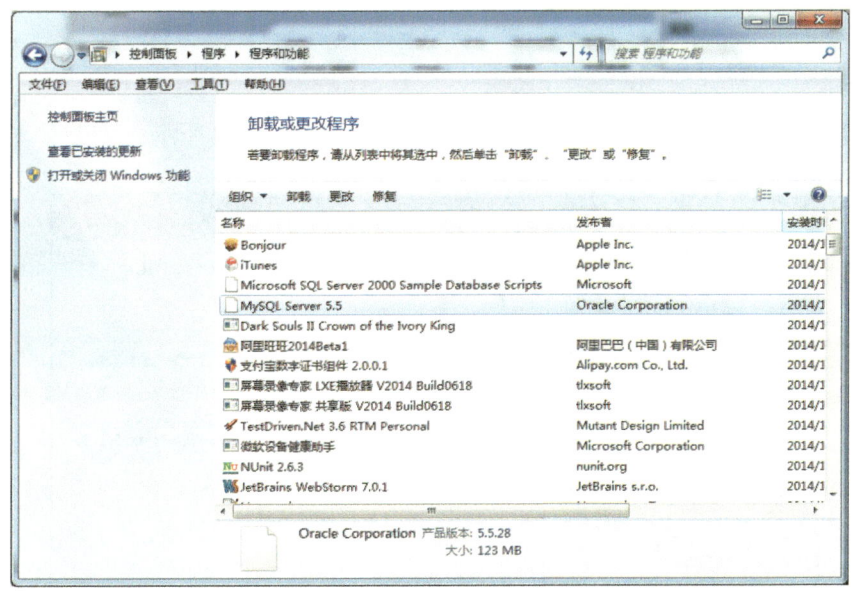

图5-2 卸载MySQL

（3）删除残留的安装文件。删除安装路径（默认为"C:\Program Files\MySQL"）下的文件夹MySQL。

（4）删除残留的服务配置文件。删除路径"C:\ProgramData\MySQL\MySQL Server 5.5\data"下的所有文件，也可直接删除MySQL文件夹（ProgramData为隐藏文件夹，需要在"工具"—"文件夹选项"—"查看"中勾选查看隐藏文件，也可以直接通过搜索

103

栏搜索），如图5-3所示。

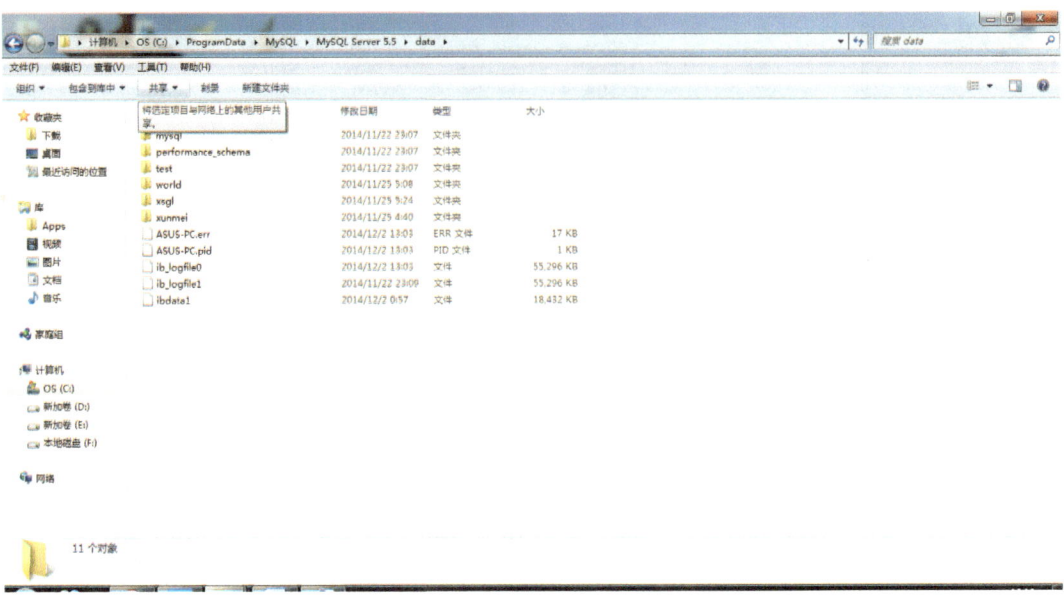

图5-3　删除残留的服务配置文件

2. 重新安装 MySQL

（1）单击"数据库程序"图标，进入安装界面，如图5-4所示。

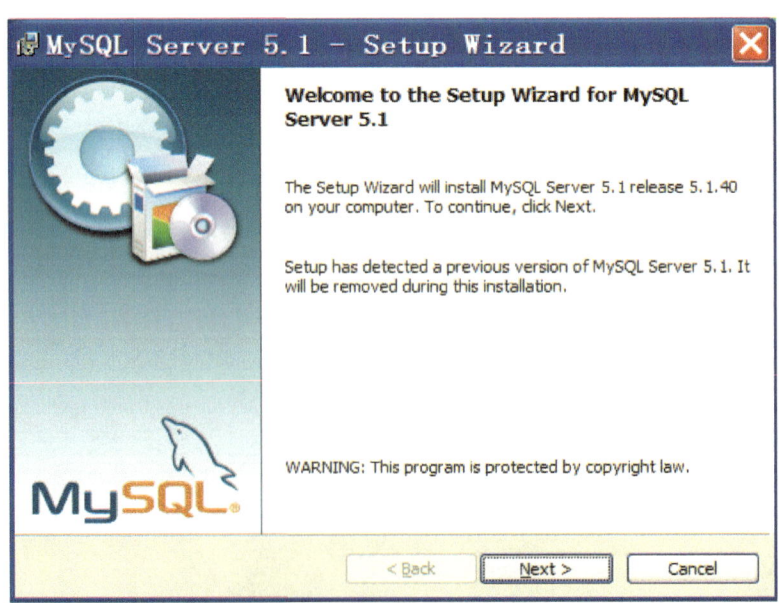

图5-4　MySQL 安装界面1

（2）单击"Next >"图标，进入安装选项界面，如图5-5所示。

第五章　MySQL交通数据库实验

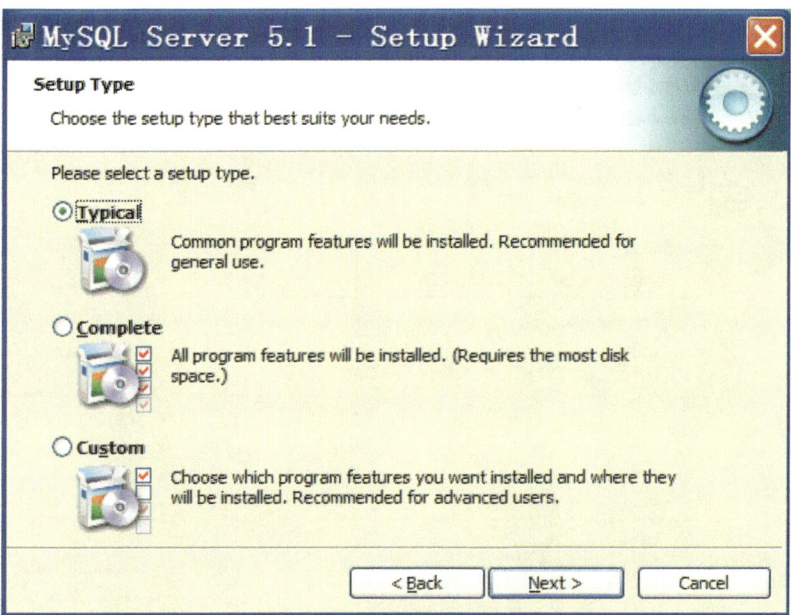

图5-5　MySQL安装界面2

（3）单击"Next>"图标，进入界面如图5-6所示。

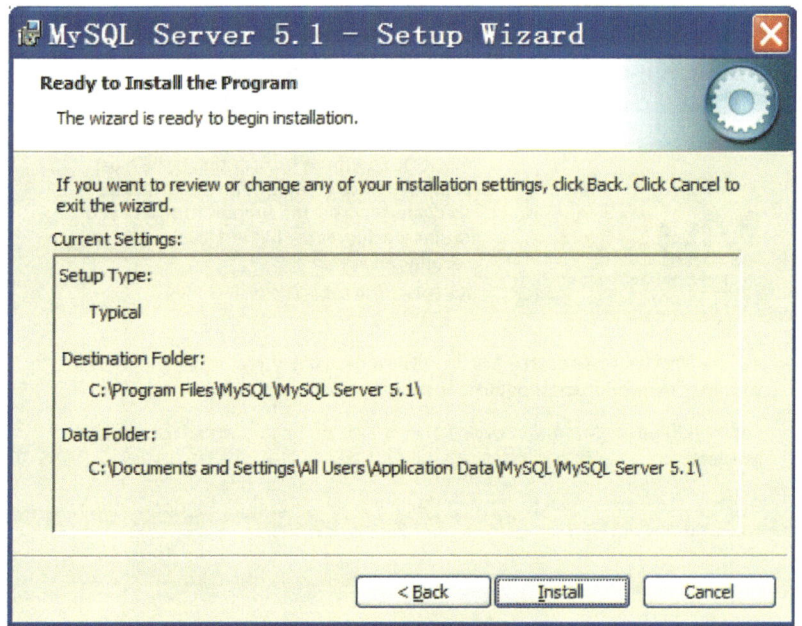

图5-6　MySQL安装界面3

（4）单击"Install"图标，进入界面如图5-7所示。

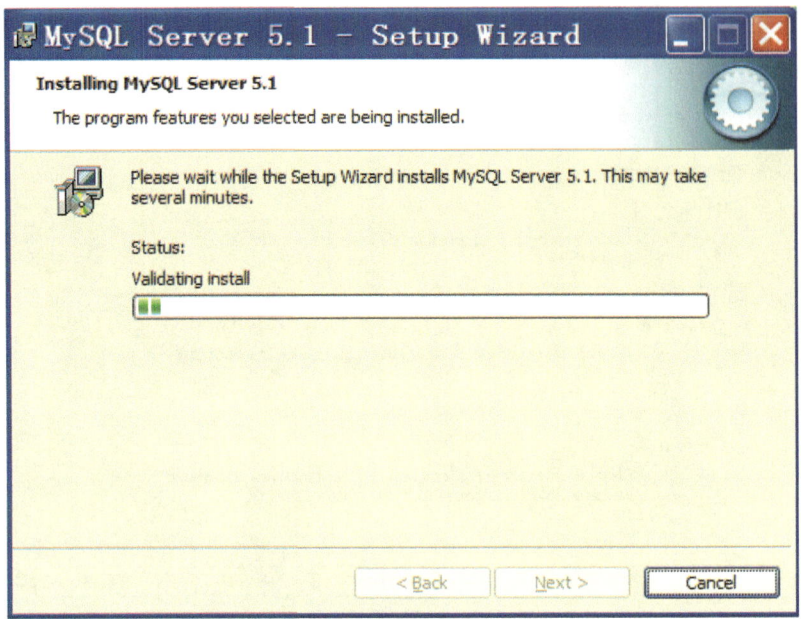

图5-7　MySQL 安装界面4

（5）安装过程中，会出现数据库安装目的界面，直接关闭此界面即可，不影响安装，如图5-8所示。

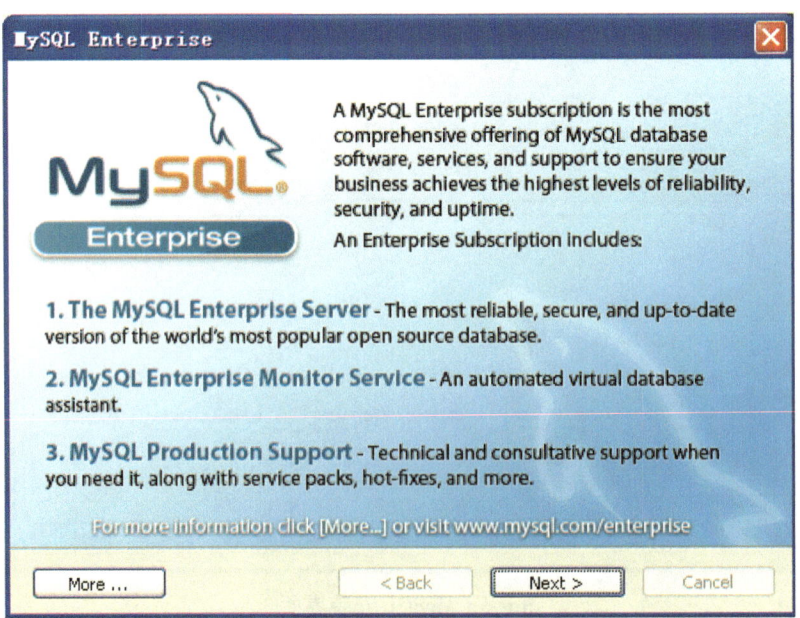

图5-8　MySQL 安装界面5

（6）安装完毕后，会出现数据库配置界面，如图5-9所示。

图5-9　MySQL安装界面6

（7）在配置界面中，取消"Register the MySQL Server now"选项，如图5-10所示，不需要注册，然后单击"Finish"。

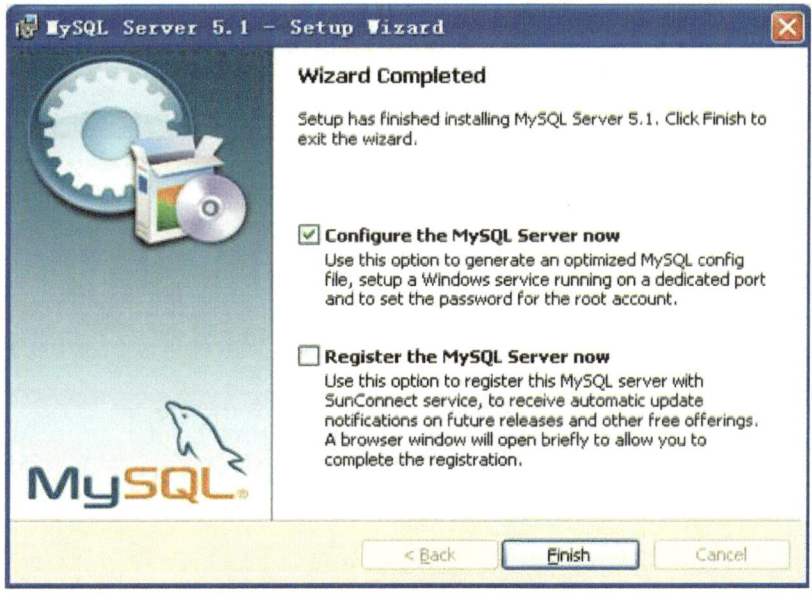

图5-10　MySQL安装界面7

（8）单击"Finish"后，会出现数据库如图5-11所示配置界面，单击"Next >"。

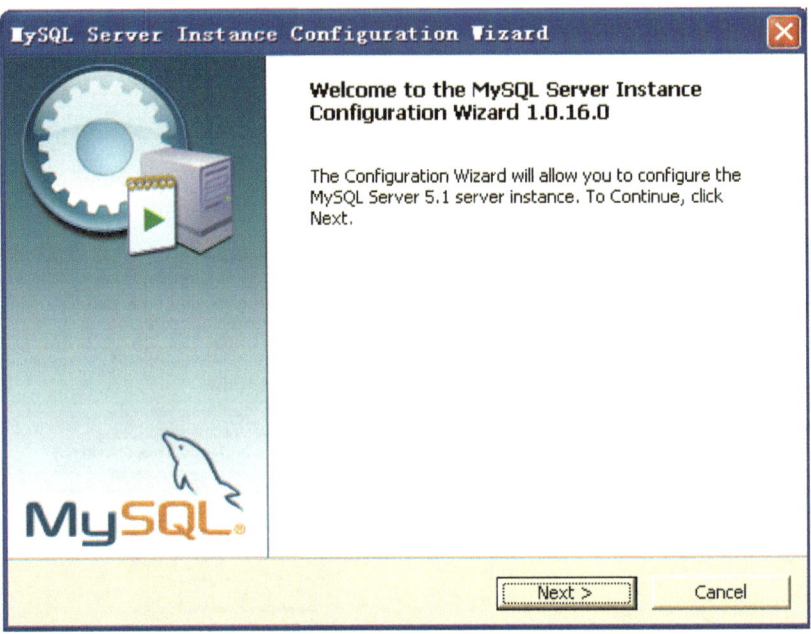

图5-11　MySQL安装界面8

（9）单击"Finish"后，会出现数据库配置类型界面，如图5-12所示，默认并单击"Next >"选项即可。

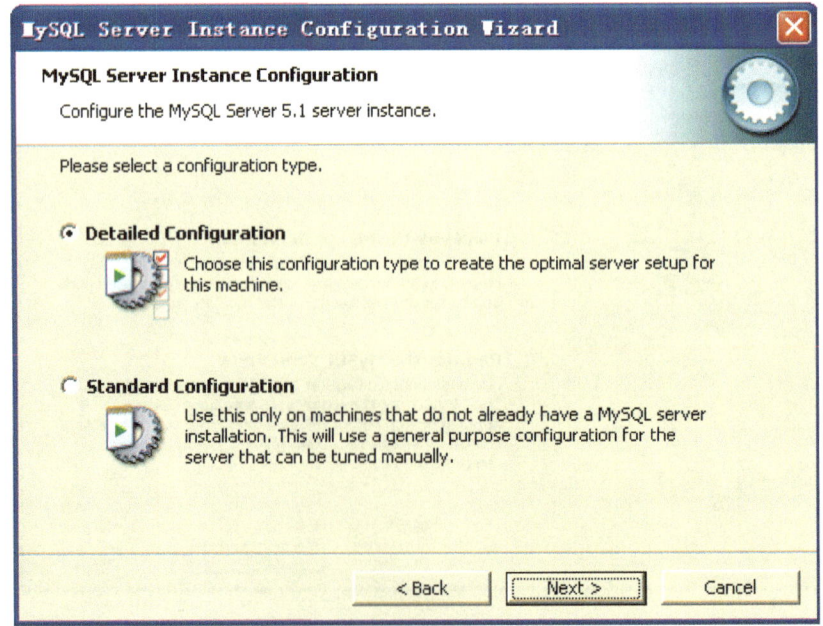

图5-12　MySQL安装界面9

（10）出现数据库服务器类型界面如图5-13所示，默认并单击"Next >"选项即可。

图5-13　MySQL安装界面10

（11）出现数据库类型界面如图5-14所示，默认并单击"Next >"选项即可。

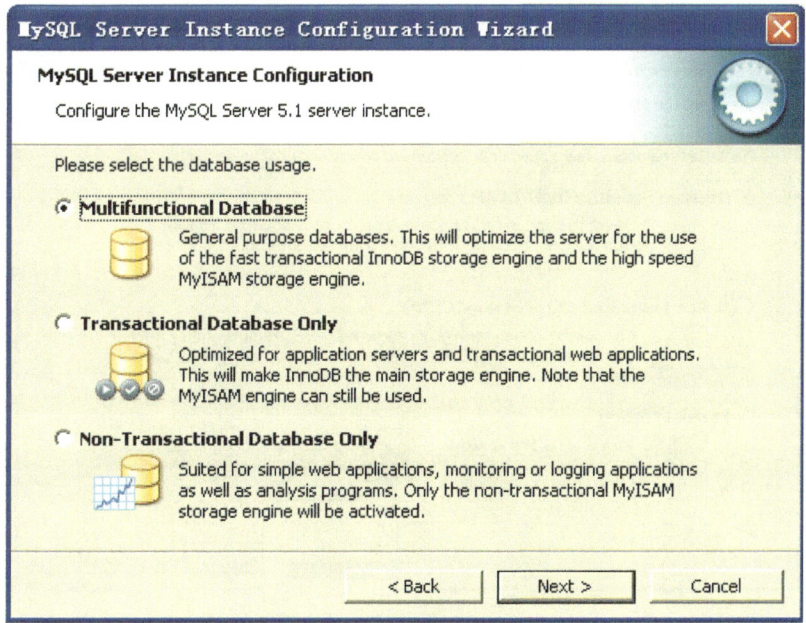

图5-14　MySQL安装界面11

（12）出现安装目录界面如图5-15所示，默认并单击"Next >"选项即可。

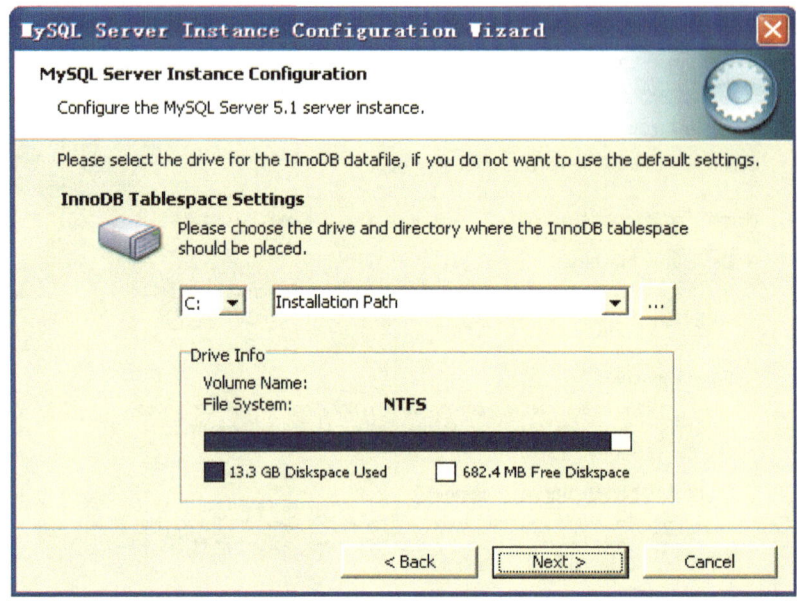

图5-15　MySQL安装界面12

（13）出现最大连接服务器数量界面如图5-16所示，在"Manual Setting"下拉列表中选择你需要与服务器连接的最大计算机数，连接数越多速度越慢，单击"Next >"，如图5-16所示。

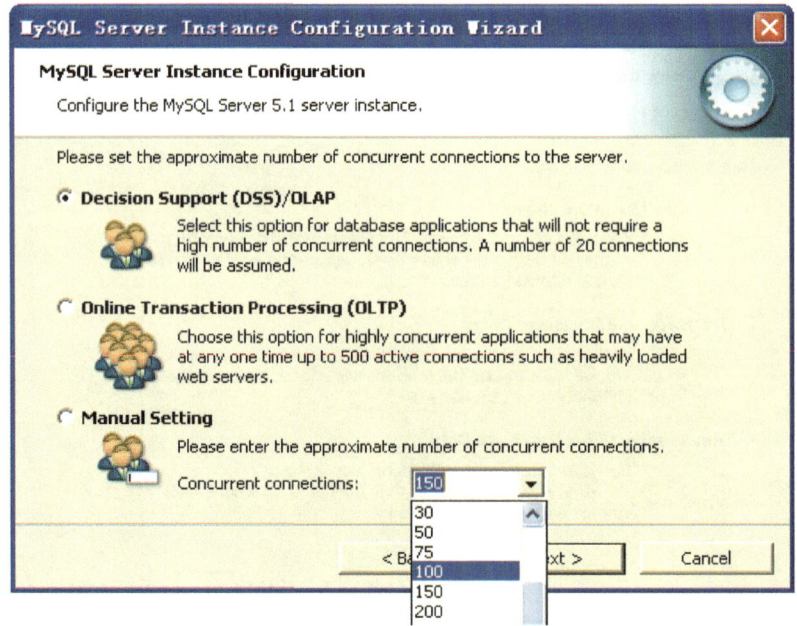

图5-16　MySQL安装界面13

(14)出现协议和端口界面如图 5-17 所示,默认并单击"Next >"选项即可。

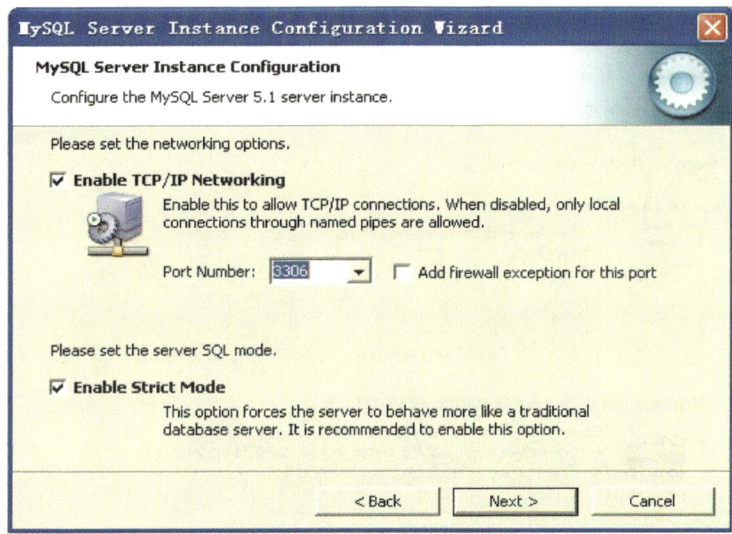

图 5-17　MySQL 安装界面 14

(15)出现数据库字符集界面如图 5-18 所示,"Manual Selected Default Character Set/Collation"下拉列表中选择"utf8"选项,支持中文字符,单击"Next >",如图 5-18 所示。

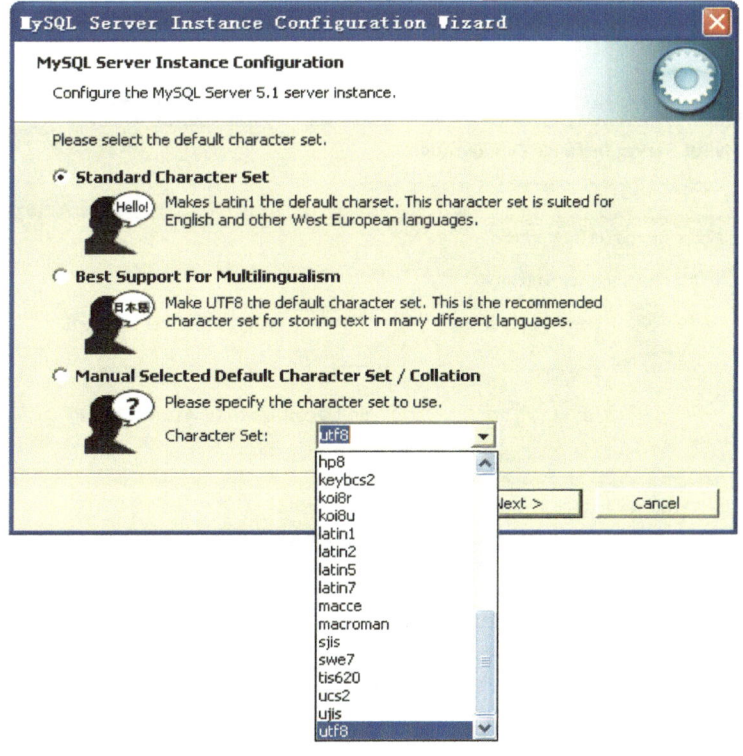

图 5-18　MySQL 安装界面 15

（16）出现 Windows 界面如图 5-19 所示，默认并单击"Next >"选项即可。

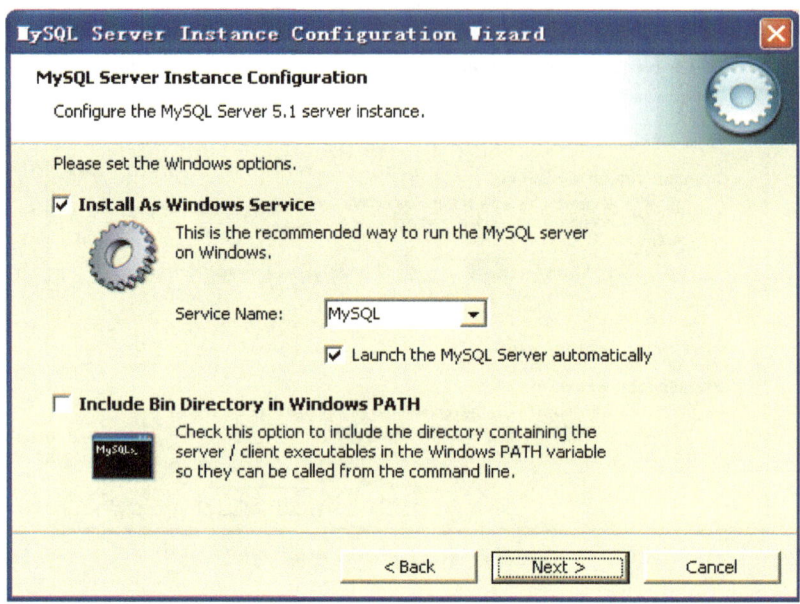

图 5-19　MySQL 安装界面 16

（17）出现账户管理界面如图 5-20 所示，此处账户为默认的"root"，用户需要输入密码，此密码即为"城市居民出行分析软件"连接数据库的密码，并选择"Enable root access from remote machines"，单击"Next >"，如图 5-20 所示。

图 5-20　MySQL 安装界面 17

（18）出现最终配置执行界面，如图5-21所示，单击"Execute"。

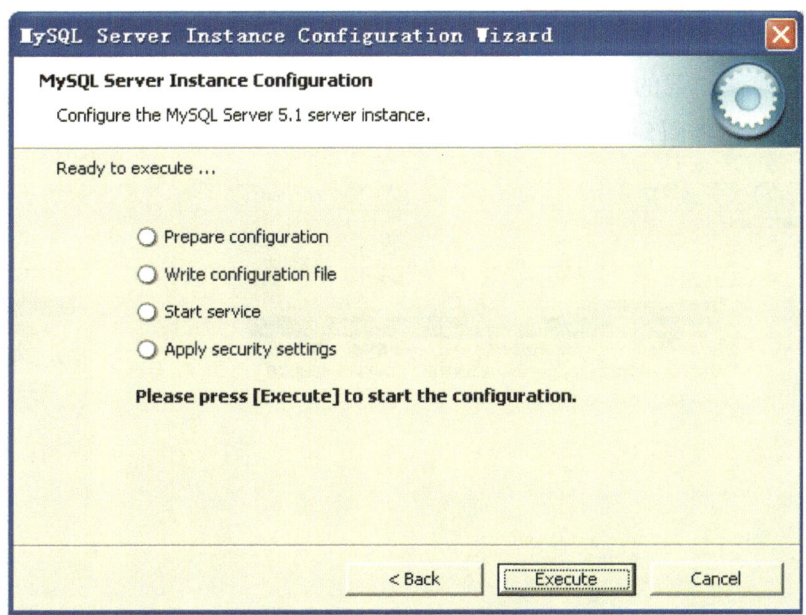

图5-21　MySQL安装界面18

（19）弹出配置成功对话框，此时数据库安装成功，如图5-22所示。用户需要记住登录数据库的账户是"root"，密码是图5-17中输入的密码，在Navicat中连接数据库时输入该账户和密码即可。

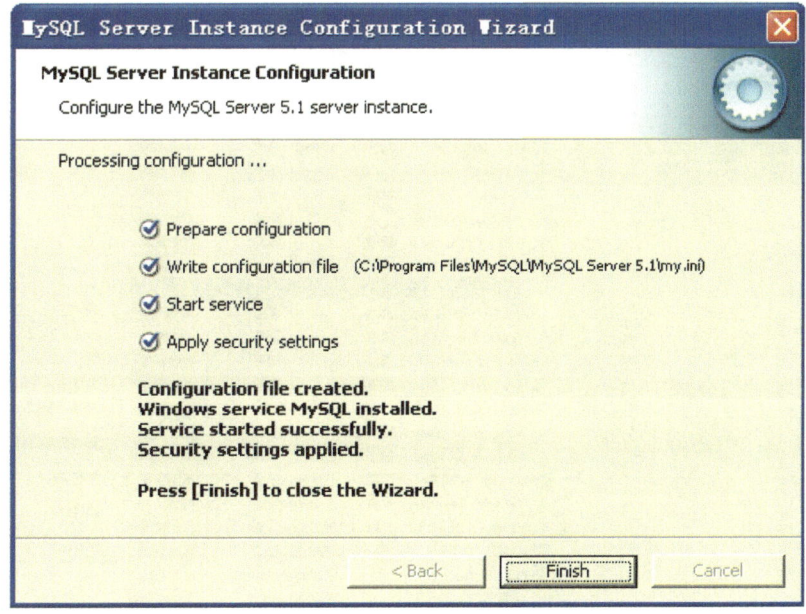

图5-22　MySQL安装界面19

3. 数据库本地访问

1）打开 MySQL 服务

（1）右键点击"我的电脑"，选择"管理"，在弹出的对话框中选择"服务和应用程序"→"服务"，如图 5-23 所示。

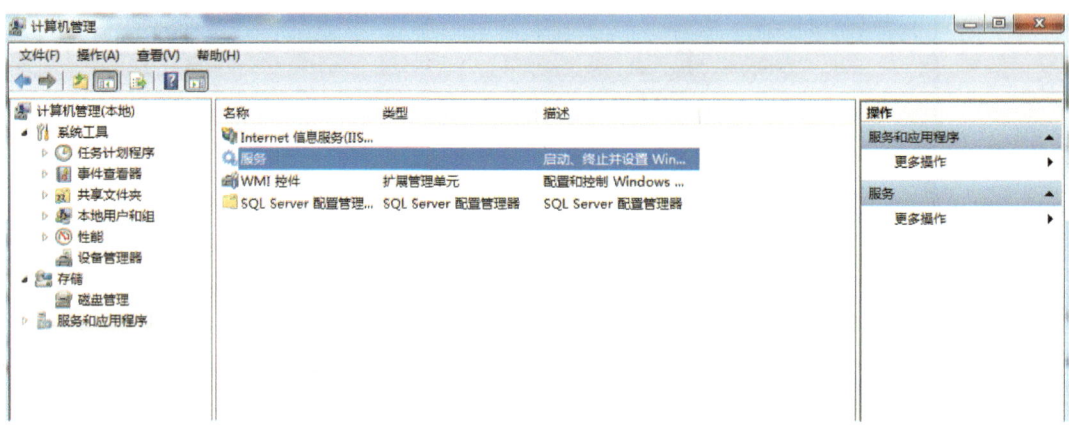

图 5-23　打开服务和应用程序

（2）在打开的本地服务中，选择名为"MySQL"的服务，单击右键，选择"启动"（也可以在"属性"中设置为随系统的启动而自动启动），如图 5-24 所示。

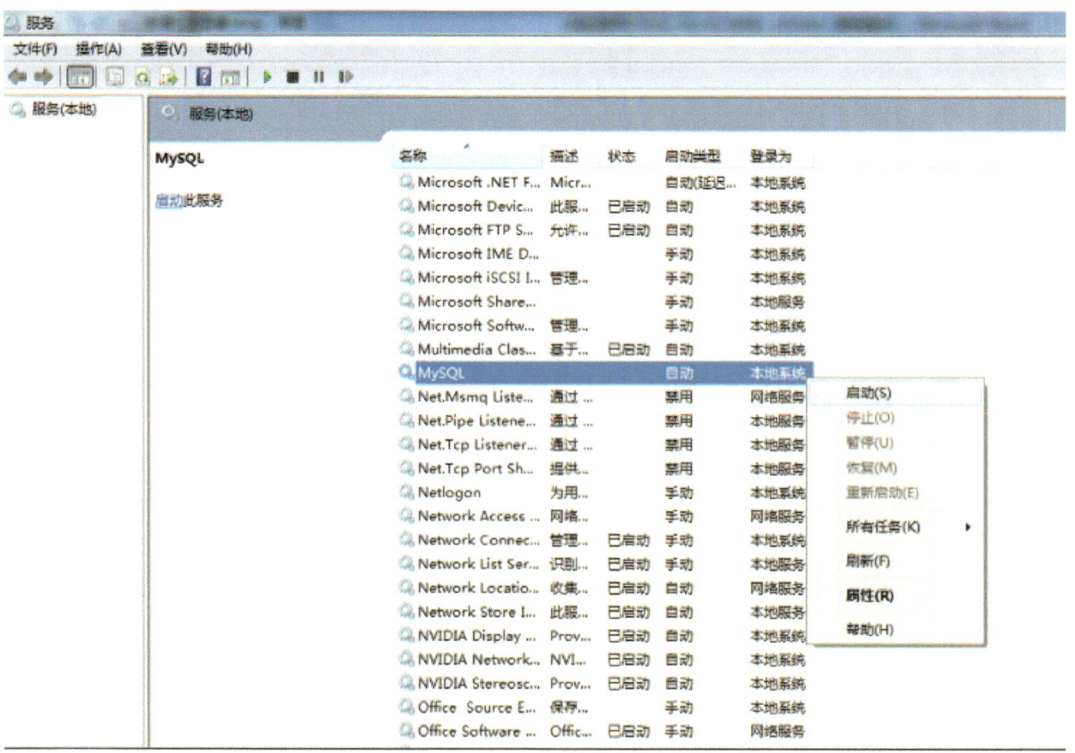

图 5-24　开启 MySQL 服务

（3）在"开始"菜单→所有程序中找到"MySQL"，点击"MySQL 5.5 Command Line Client"，将出现如图5-25所示的窗口。

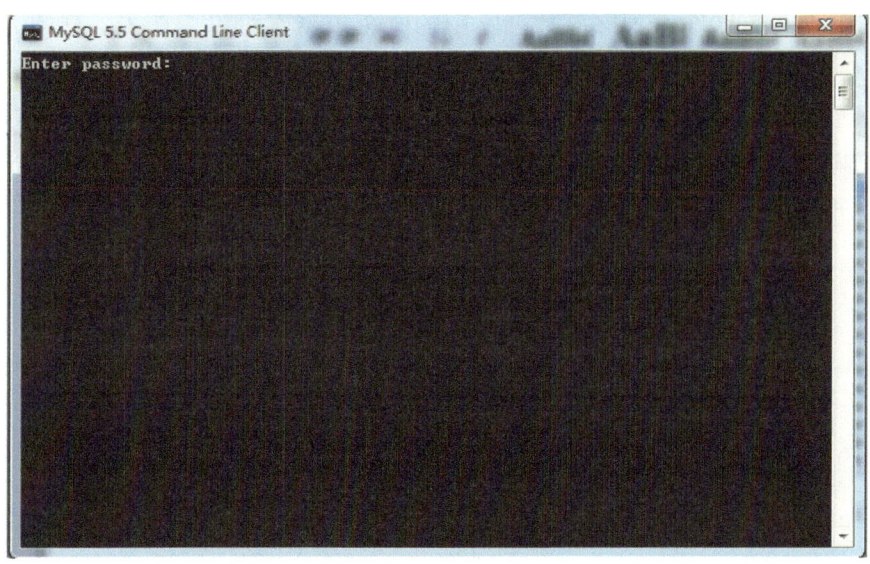

图5-25　打开MySQL程序

（4）实验所用的MySQL已事先配置好，用户名、密码均为"root"。因此直接输入"root"并回车，若出现如图5-26所示结果，说明MySQL服务已正常启动并且可以通过该窗口用相应语句进行操作。

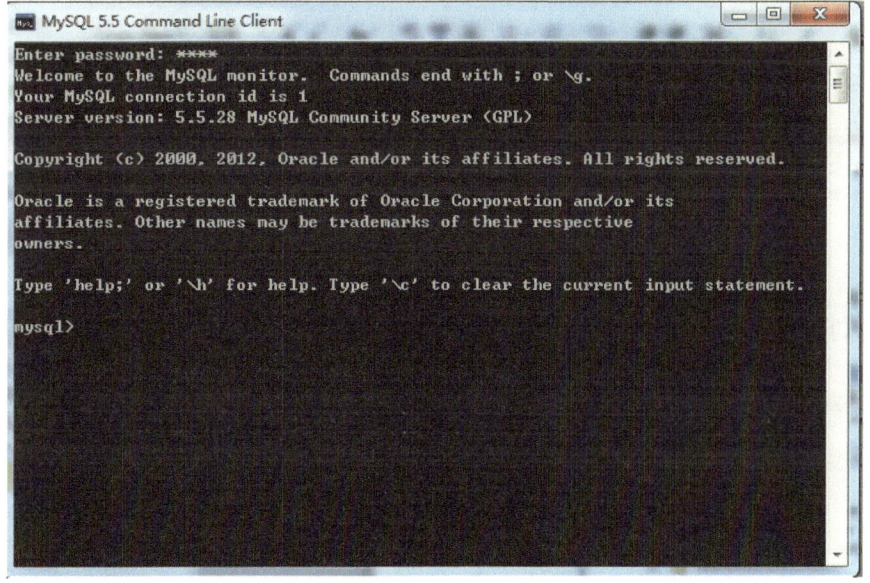

图5-26　检查MySQL是否正常启动

2）MySQL 的连接、关闭和删除

学习使用 MySQL 管理工具 Navicat 的基本操作，建立连接 MySQL 并在它左边的树型结构中查看数据库，观察该数据库中的所有数据库对象，如表、视图、存储过程、默认、规则等，学习查询的创建、连接的关闭和删除。

（1）新建连接 MySQL。打开"Navicat"，进入主界面后点击"连接"，在弹出的对话框中输入连接名"MySQL"，用户名和密码均为"root"，输入之后点击"确定"（可事先点击"连接测试"），如图 5-27 所示。

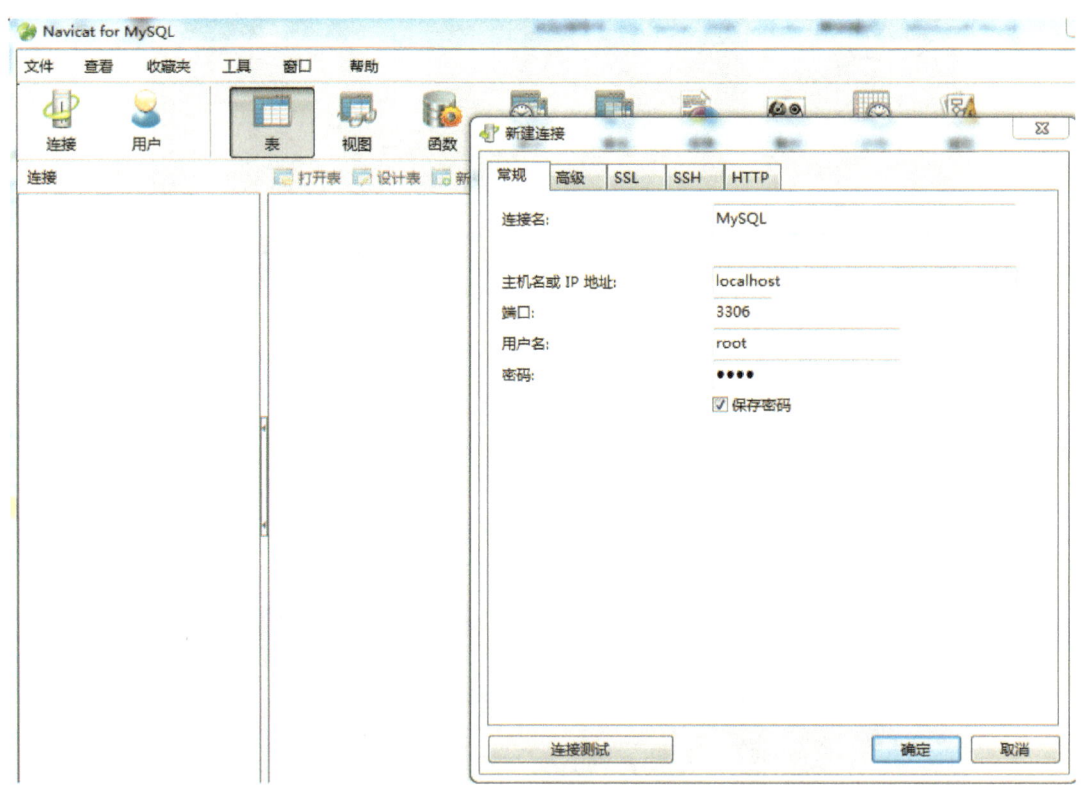

图 5-27　新建连接 MySQL

（2）打开连接 MySQL，查看默认生成的数据库、表。右键单击新建的连接"MySQL"，选择"打开连接"，可以看到默认生成的四个数据库，以数据库"mysql"为例，点击打开，如图 5-28 所示。以数据库"mysql"中的表"help_category"为例，点击打开，如图 5-29 所示。

第五章 MySQL交通数据库实验

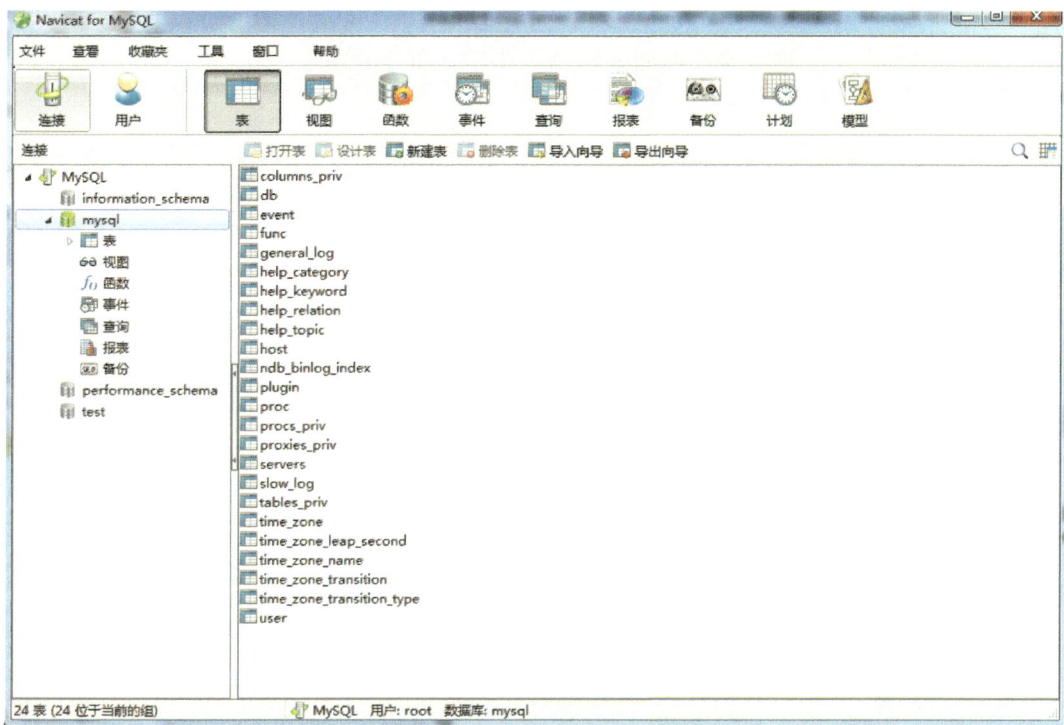

图5-28 查看默认生成的数据库

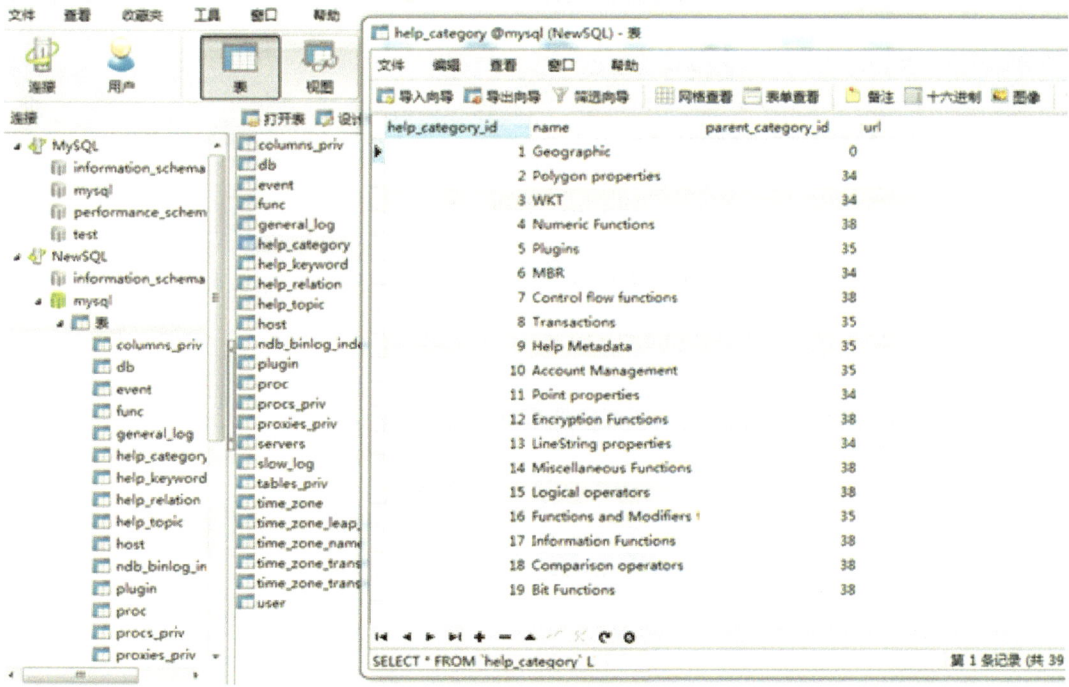

图5-29 查看默认生成的数据表

（3）新建查询。打开数据库"mysql"，点击"Navicat"主界面上方的"查询"，选择"新建查询"，在弹出的"查询编辑器"中输入如下语句：

1　USE mysql;
2　SELECT * FROM help_category;

点击上方的"运行"，操作及结果如图5-30所示。

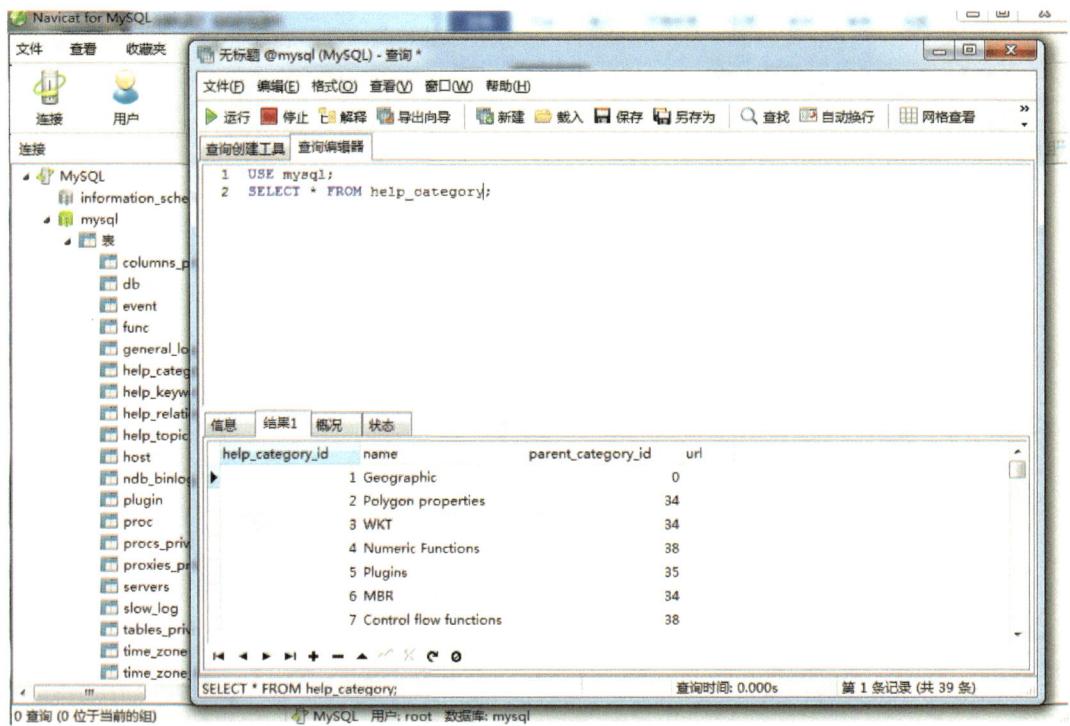

图5-30　新建查询

（4）关闭、删除连接。右键点击连接"MySQL"，选择"关闭连接"。以同样的操作选择"删除连接"，结果如图5-31所示。

第五章　MySQL交通数据库实验

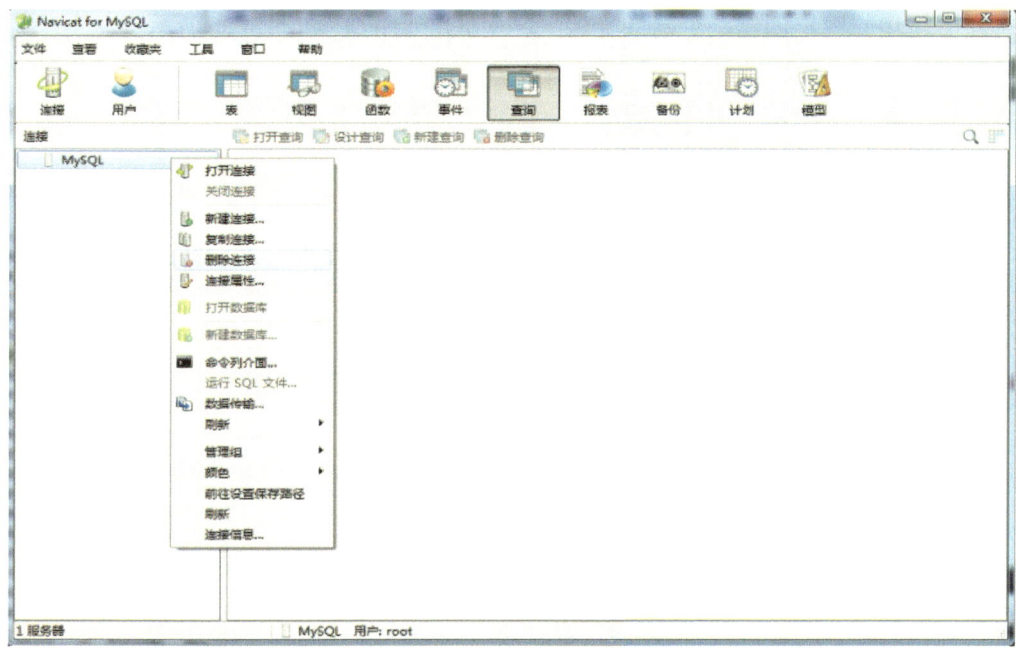

图5-31　关闭、删除连接

3）学习在Navicat下用户的管理，包括新建、编辑、删除

（1）新建用户。打开连接"MySQL"，点击"Navicat"主界面上方的"用户"，在弹出的对话框中填写如下内容：用户名"NewUser"、主机"localhost"、密码"1234"并再次确认，将"服务器权限"全部勾选，点击"保存"，如图5-32所示。

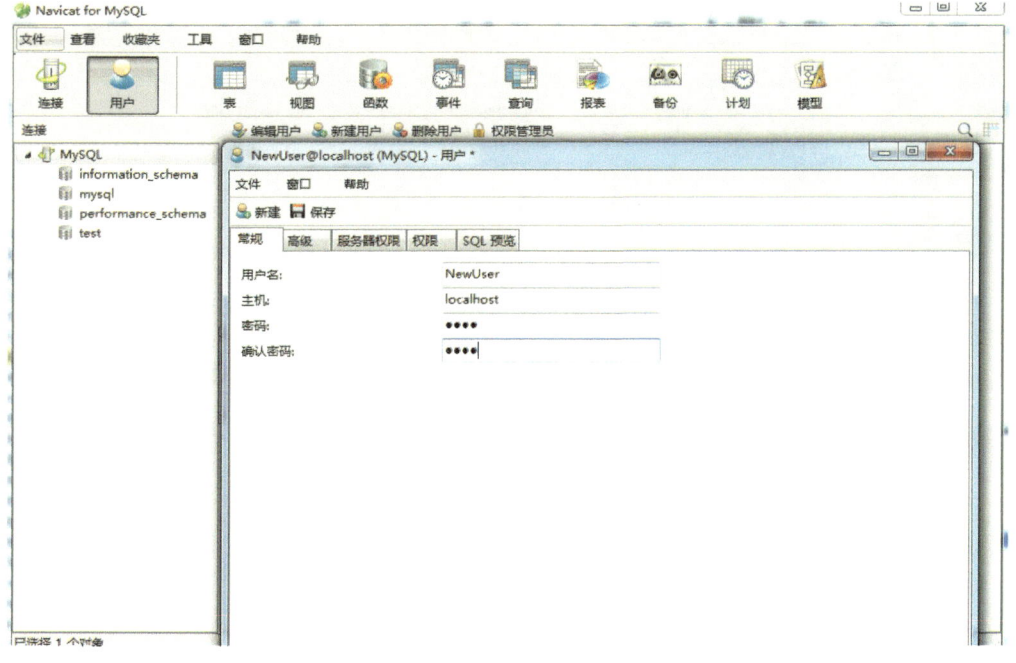

图5-32　新建用户

119

使用新建的用户创建一个新的连接"NewSQL",操作如图5-33所示。

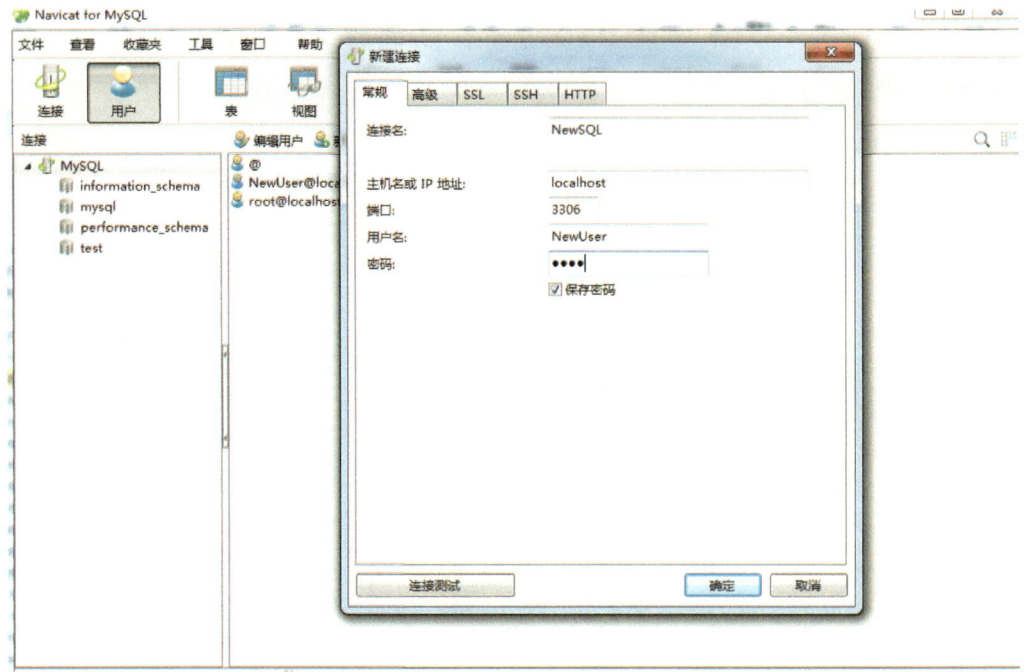

图5-33 为用户创建一个新的连接"NewSQL"

出现如图5-34所示结果,说明用户创建成功。

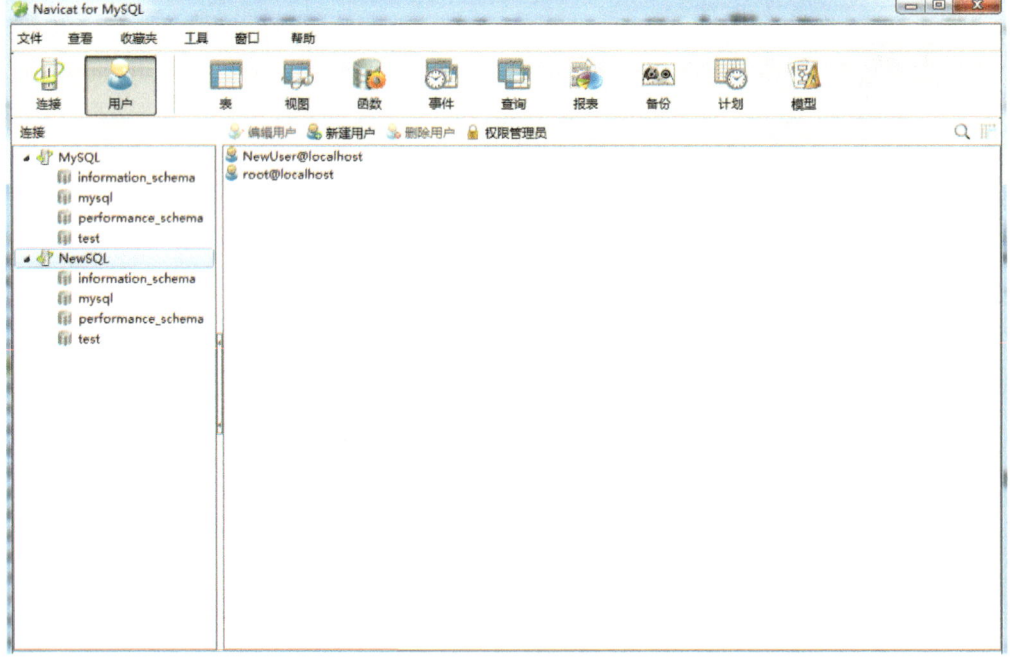

图5-34 创建结果

（2）编辑用户。点击用户"NewUser@localhost"，再选择"编辑用户"，修改相关信息后点击保存，如图5-35所示。同样以新建用户的方法检验。

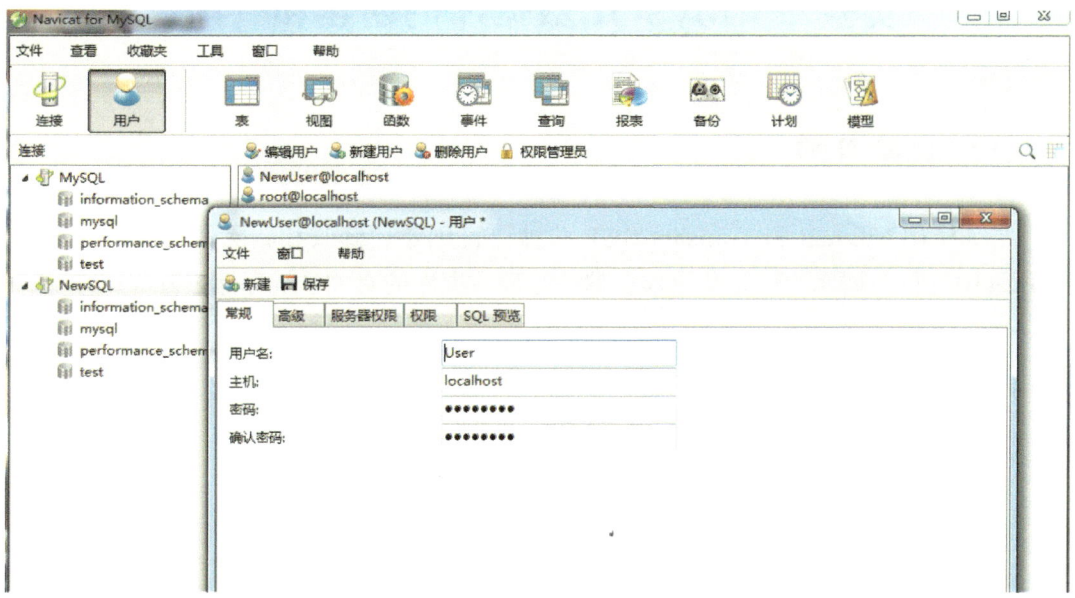

图5-35　编辑用户

（3）删除用户。选择修改后的用户，点击"删除用户"，选择"删除"，如图5-36所示。

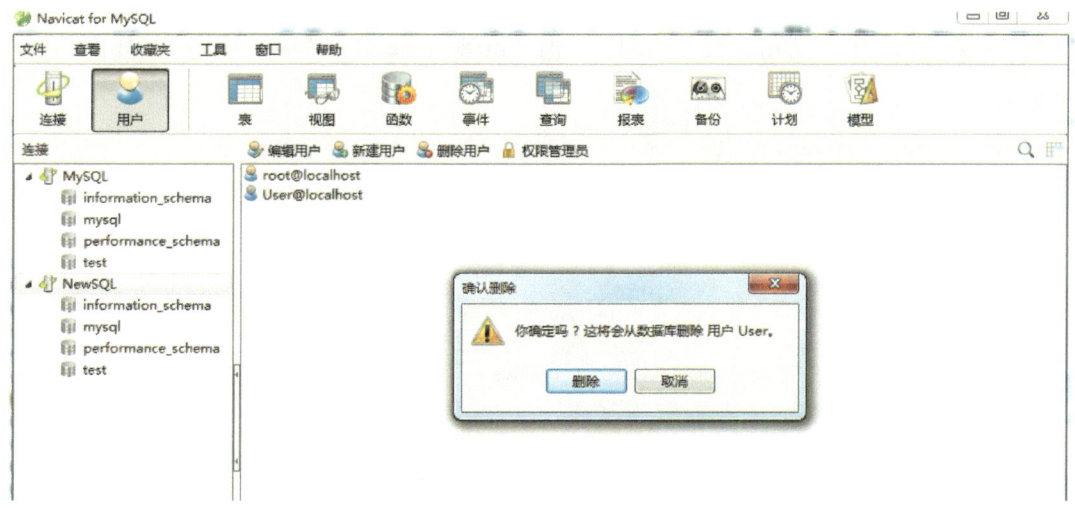

图5-36　删除用户

实验二　MySQL 数据库的创建和管理

（一）实验目的

熟练使用 Navicat 和 Transact-SQL 两种语言创建、修改和删除数据库。学习在 Navicat 中进行数据库的转储和导入。掌握管理数据库的有关系统存储过程。

（二）实验内容

（1）新建数据库。
（2）利用 Transact-SQL 语言对数据库进行一系列操作。

（三）实验方法与步骤

1. 新建数据库

（1）新建连接 MySQL，输入数据库名，本次实验输入数据库名称为"lh db"、字符集"utf8 -- UTF-8 Unicode"、排序规则"utf8_general_ci"→"确定"，如图 5-37 所示。

图 5-37　新建数据库

（2）查询数据库属性，如图5-38所示。

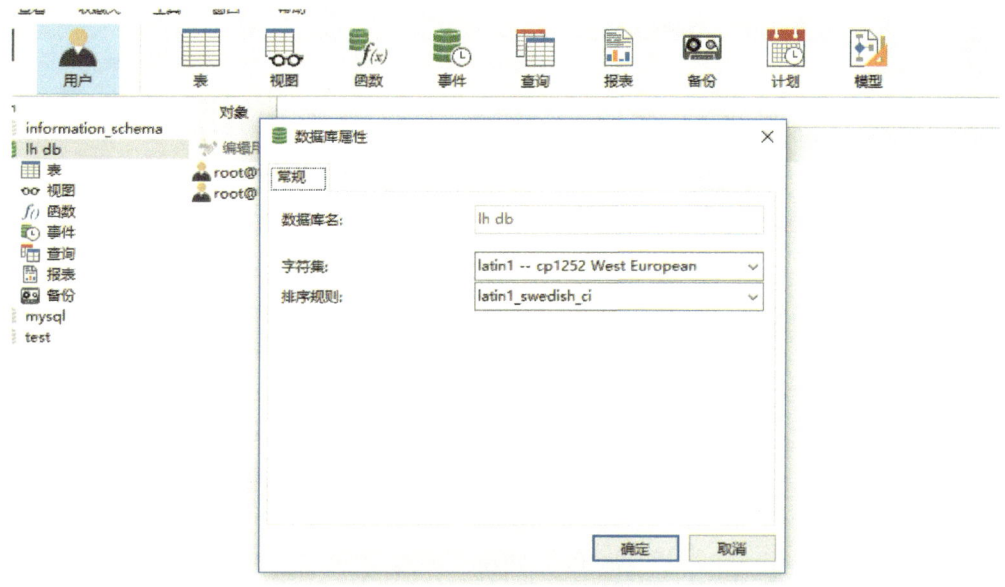

图5-38　查询数据库属性

2. 利用Transact-SQL语言对数据库进行一系列操作

（1）利用Transact-SQL语言创建数据库，新建查询，在查询编辑器输入以下代码：

CREATE DATABASE testdb DEFAULT CHARACTER SET utf8 COLLATE utf8_general_ci;

运行后，刷新，如图5-39、图5-40所示。

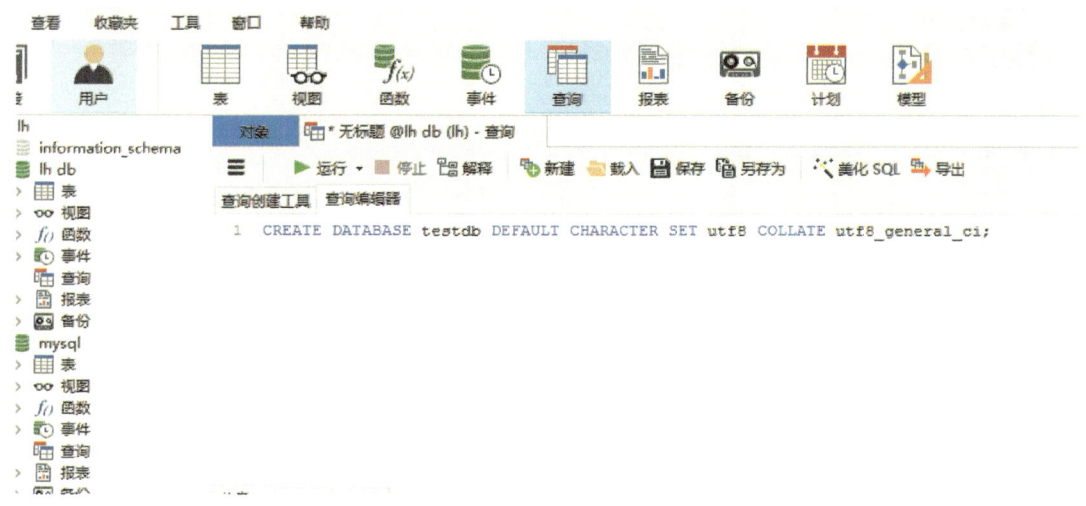

图5-39　在查询编辑器输入代码1

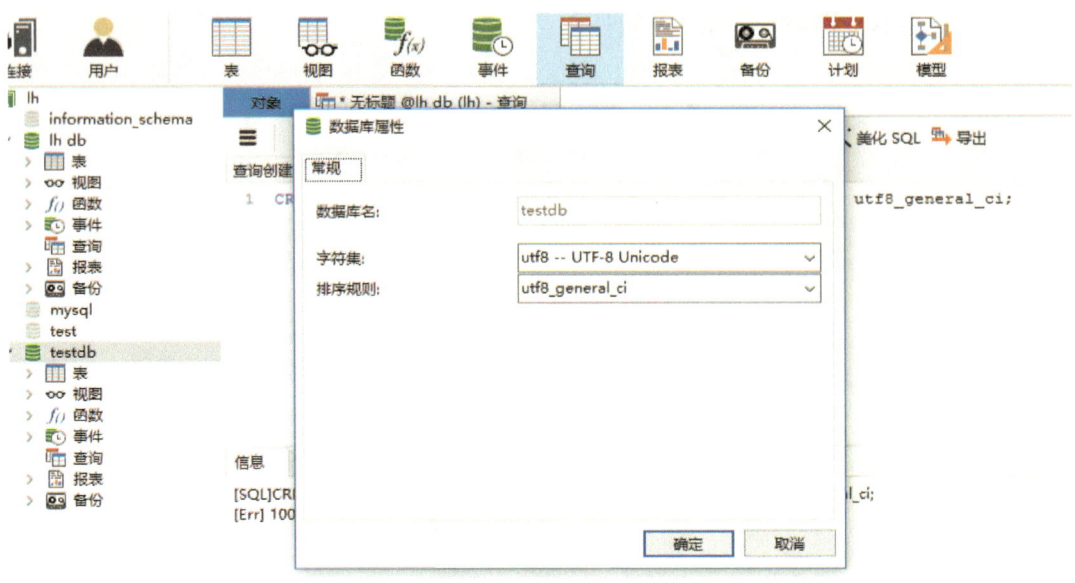

图5-40　在查询编辑器输入代码2

（2）利用Transact-SQL语言查看数据库及表的信息，新建查询，输入代码"SHOW DATABASES"，运行结果如图5-41所示。

图5-41　输入代码"SHOW DATABASES"

（3）查看数据库mysql中所有的表，新建查询，输入代码：

USE mysql;

SHOW TABLES;

运行结果如图5-42所示。

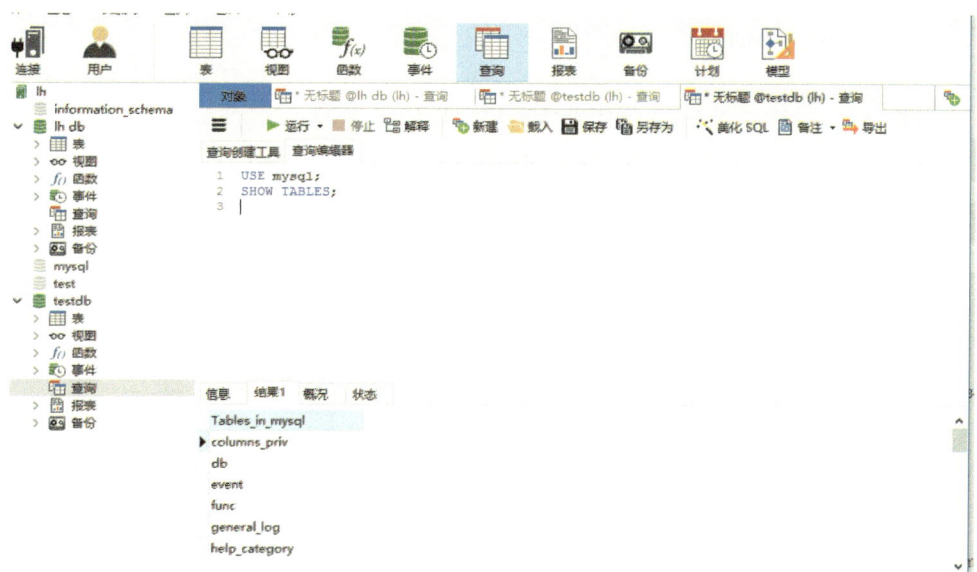

图5-42　输入代码"USE mysql、SHOW TABLES"运行过程图

（4）查看数据库mysql中表"help_keyword"的结构。新建查询，输入代码：

USE mysql;

DESC help_keyword;

运行结果如图5-43所示。

图5-43　输入代码"USE mysql、DESC help_keyword"运行图

（5）利用 Navicat 和 Transact-SQL 语言修改数据库 lh db。代码：

ALTER DATABASE lh db DEFAULT CHARACTER SET = latin1;

（6）利用 Navicat 和 Transact-SQL 语言删除数据库 lh db。代码：

DROP DATABASE testdb;

（7）转储 MySQL 数据库，操作如图 5-44 所示。

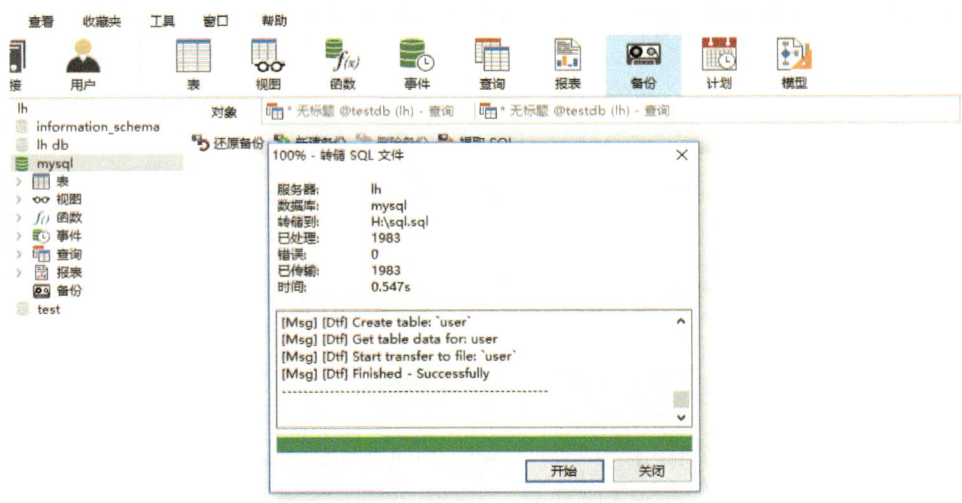

图 5-44　转储 MySQL 数据库

（8）导入 MySQL 数据库。在连接 MySQL 中新建数据库"lhsql"（字符集与排序方式尽量一致）。打开数据库"lhsql"，运行 SQL 文件，选择文件夹里面的"link_info"文件，如图 5-45 所示。

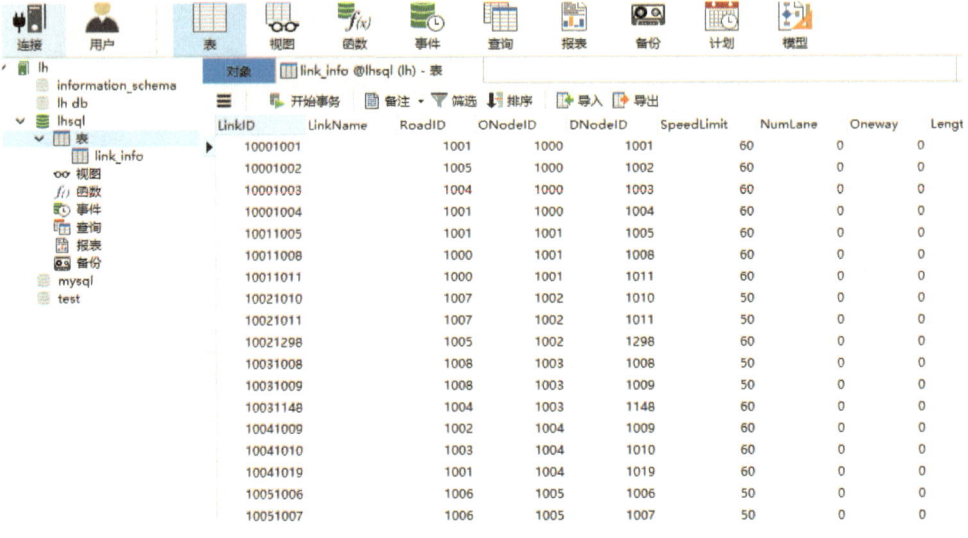

图 5-45　导入 MySQL 数据库

实验三　MySQL表的创建和管理

（一）实验目的

熟练使用 Navicat 和 Transact-SQL 两种语言创建、修改和删除表。掌握管理表的有关系统存储过程。

（二）实验内容

（1）利用 Navicat 创建满足以下要求的数据库：①数据库存在于连接 MySQL 中；②数据库名称为 xsgl；③字符集选择"utf8-- UTF-8 Unicode"；排序规则选择 utf8_general_ci。

（2）在数据库 xsgl 中，利用 Navicat 创建以下表格：
①表格名为 xs（学生基本情况表）。
②表格中各个属性的定义如表 5-1 所示。

表5-1　表格中各个属性的定义

列名	含义	数据类型	长度	能否取空值	备注
xh	学号	int		No	主码
xm	姓名	char	8	Yes	
xb	性别	char	2	Yes	
nl	年龄	tinyint		Yes	
zy	专业	char	16	Yes	
jtzz	家庭住址	char	50	Yes	

（3）按照以下步骤向表格 xs 中添加表 5-2 的记录。

表5-2　添加属性记录表

xh（学号）	xm（姓名）	xb（性别）	nl（年龄）
200809412	A	女	24
200809415	B	男	25
200109102	C	男	23
200109103	D	女	22
200307121	E	男	20
200307122	F	女	21

（三）实验方法与步骤

1. 利用 Navicat 创建满足要求的数据库并利用 Navicat 创建表格 xs

打开新建的数据库"xsgl"→右键点击"表"→新建表。按照表5-2内容输入各属性的定义，填写"列名""数据类型"，取消或选择"允许NULL值"前的选项，并右键点击"xh"，选择将其设为主键，点击"保存"，输入表名"xs"，如图5-46、图5-47、图5-48、图5-49所示。

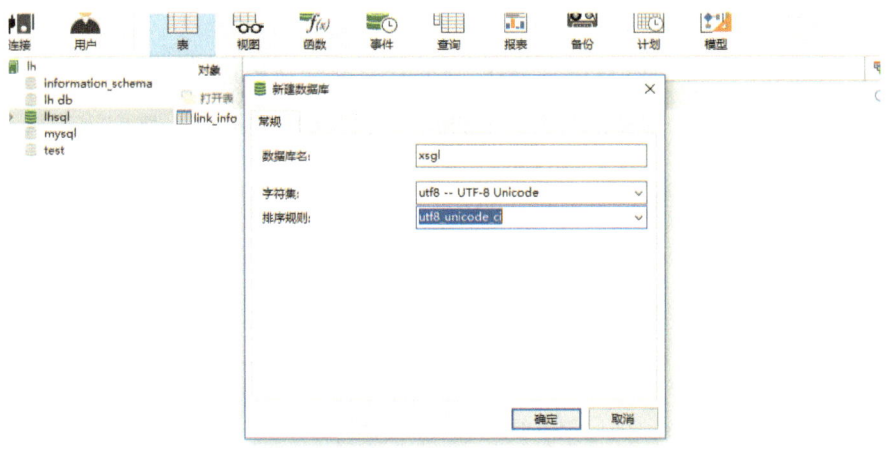

图5-46 打开新建数据库 xsgl

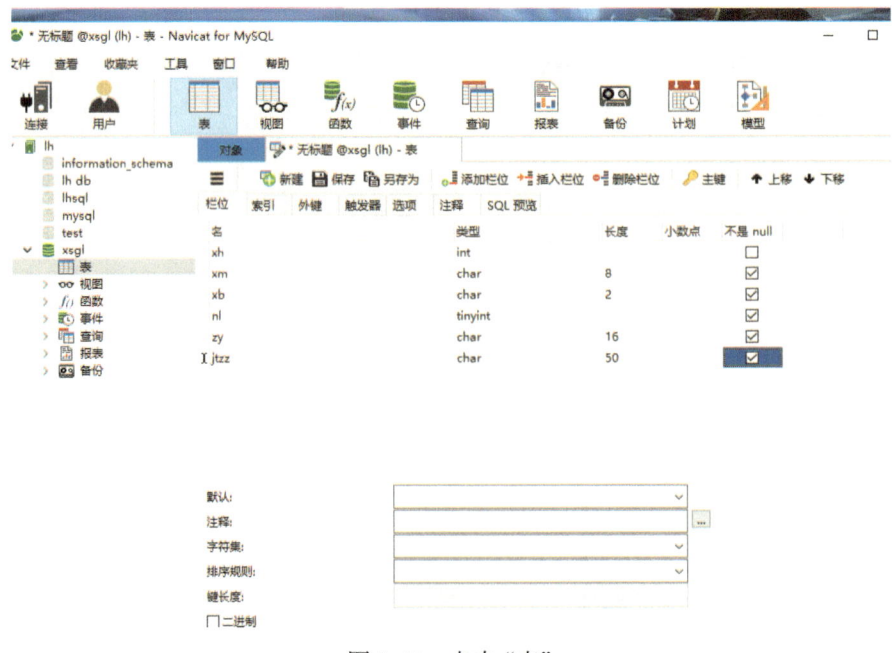

图5-47 点击"表"

图 5-48 输入表名"xs"

图 5-49 创建表格 xs

2. 向表格 xs 中添加记录及表格属性

（1）打开 Navicat；
（2）打开连接 MySQL 找到数据库 xsgl 中的表格 xs；
（3）在表格 xs 上右击鼠标，选择"打开表"；
（4）在接着出现的记录录入界面上添加记录；

（5）向表 xs 中增加"入学时间"属性列，其列名为"rxsj"，数据类型为 datetime 型，如图 5-50 所示。

图 5-50 增加"入学时间"属性列

3. 在数据库 xsgl 中，利用 Transact-SQL 语言创建表格

代码：

```
USE xsgl;
create  table kc
(
    kch char(4) not null,
    kcm char(20) null,
    xss int null,
    xf int null,
    primary key(kch)
)engine=innodb default charset=utf8 auto_increment=1;
```

如图 5-51、图 5-52 所示。

第五章　MySQL交通数据库实验

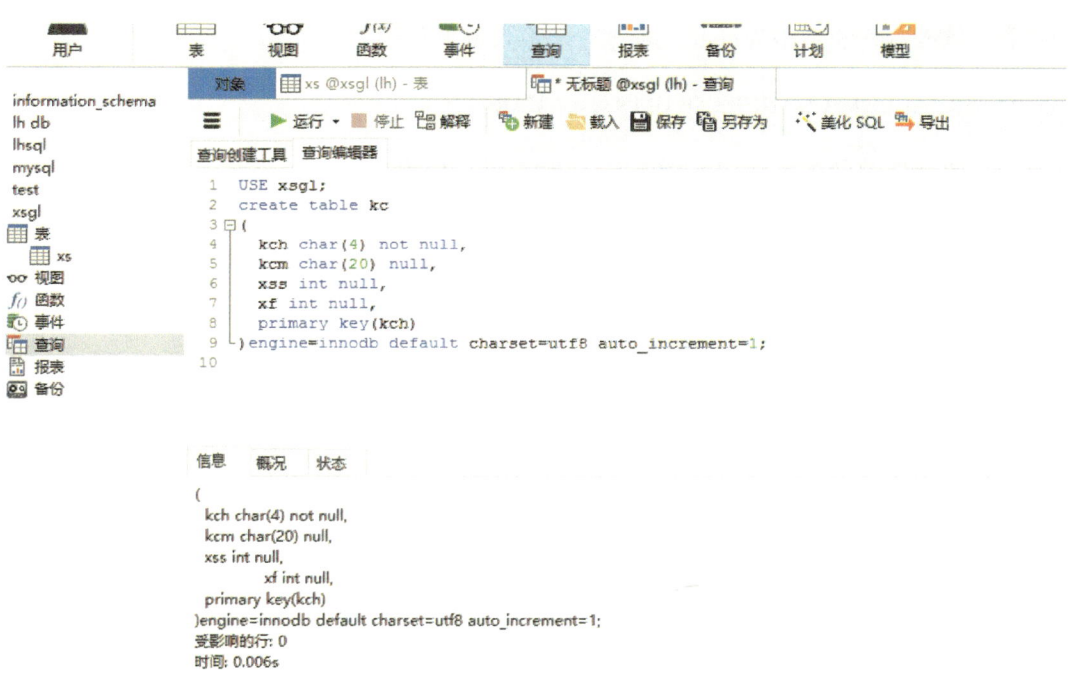

图5-51　代码输入

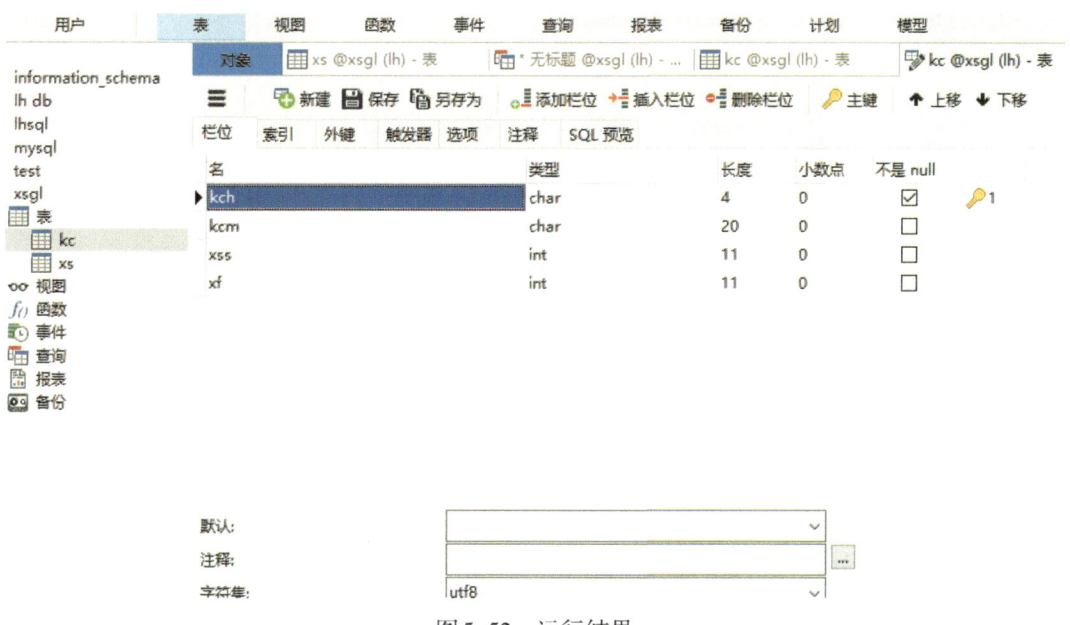

图5-52　运行结果

4. 利用 Transact-SQL 语言修改 kc 表

（1）加"成绩"一列 cj，int 型，允许为空值，默认为 0。新建查询输入以下代码：

ALTER TABLE kc ADD COLUMN cj INT DEFAULT 0;

131

（2）修改 cj 列的类型为 char。新建查询输入以下代码：

ALTER TABLE kc CHANGE COLUMN cj cj CHAR(4);

（3）改 cj 列的列名为 mark。新建查询输入以下代码：

ALTER TABLE kc CHANGE cj mark CHAR(4) DEFAULT 0;

（4）除 mark 列外，新建查询输入以下代码：

ALTER TABLE kc DROP COLUMN mark;

5. 利用 Transact-SQL 语言删除表 kc

新建查询输入以下代码：

DROP TABLE kc;

6. 利用 Transact-SQL 将表 xs 重命名为 Students

新建查询输入以下代码：

RENAME TABLE xsgl.xs TO xsgl.Students;

实验四　MySQL 表数据的简单查询

（一）实验目的

掌握 SELECT 语句的基本用法。

（二）实验内容

在文件表格中查询限速为 50 km/h 的道路。

（三）实验方法与步骤

新建查询，并输入以下代码：

use lhsql;
SELECT speedLimit,LinkID FROM link_info WHERE SpeedLimit=50;

结果如图5-53所示。

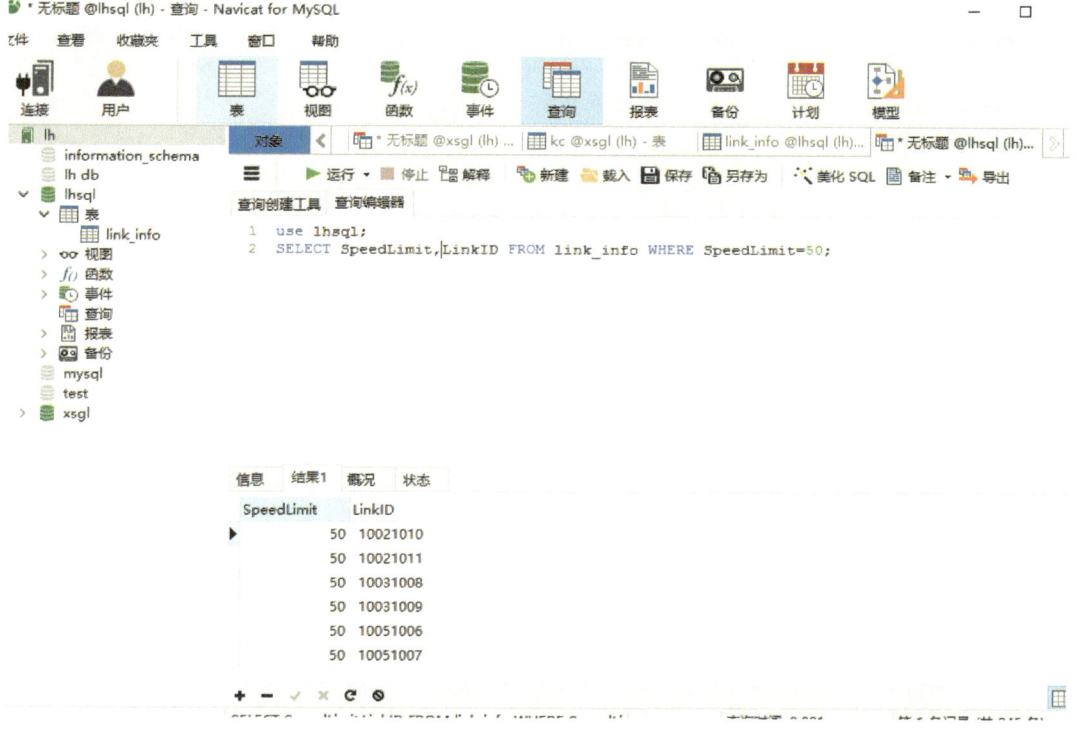

图5-53　输入代码

实验五　MySQL表数据的维护

（一）实验目的

熟练掌握使用Transact-SQL语言和通过Navicat语言输入表数据、修改表数据和删除表数据的操作。

（二）实验内容

利用Transact-SQL语言对表数据进行相关操作。

（三）实验方法与步骤

（1）在数据库world中建立一个名为"newlanguage"的表，其结构与表countrylanguage完全一样（注意各字段的默认值、字符集、排序方式等），如图5-54所示。

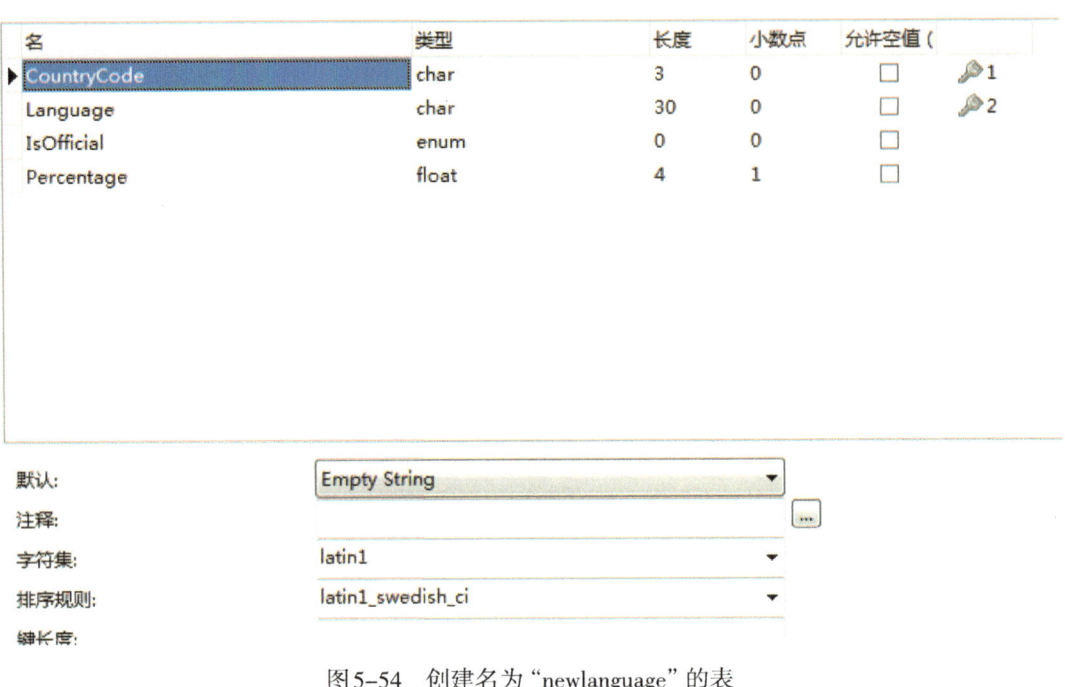

图5-54 创建名为"newlanguage"的表

（2）在表 newlanguage 中插入中国的客家话，其名称为"CountryCode"，在程序中为 CHN，"Language"在程序中为"Kejia"，"IsOfficial"在程序中为"F"，"Percentage"在程序中为 0.3。

USE world;
INSERT INTO newlanguage
VALUES（'CHN','Kejia','F',0.3）；

（3）试将表 countrylanguage 中的所有记录插入表 newlanguage 中，其 SQL 命令为：

USE world;
INSERT INTO newlanguage
SELECT *
FROM countrylanguage;

（4）将表 newlanguage 中 Language 定为 Kejia 语言的 Percentage 改为 0.4。

USE world;
UPDATE newlanguage
SET Percentage =0.4
WHERE Language = 'Kejia';

（5）将表 newlanguage 中语言的 Percentage 均减去 0.1。

USE world;

UPDATE newlanguage

SET Percentage = Percentage –0.1;

（6）删除表 newlanguage 中澳大利亚（CountryCode 为 AUS）的英语记录。

USE world;

DELETE FROM newlanguage

WHERE CountryCode='AUS'

AND Language='English';

（7）清空表 newlanguage 中的所有数据。

USE world;

TRUNCATE TABLE newlanguage;

参考文献

[1] 严宝杰. 交通调查与分析[M]. 北京：人民交通出版社,1994.
[2] 王炜,过秀成. 交通工程学[M]. 南京：东南大学出版社,2000.
[3] 李江. 交通工程学[M]. 北京：人民交通出版社,2002.
[4] 徐吉谦. 交通工程总论[M]. 北京：人民交通出版社,1991.
[5] 王炜. 交通规划模型及其应用[M]. 北京：人民交通出版社,1992.
[6] 陆化普,等. 交通规划模型及方法[M]. 北京：清华大学出版社,1998.
[7] 杨兆升. 交通规划方法[M]. 北京：人民交通出版社,1996.
[8] 杨晓光. 交通设计[M]. 北京：人民交通出版社,2010.
[9] 李峻利. 交通工程设施设计[M]. 北京：人民交通出版社,2014.
[10] 刘博航,等. 交通仿真实验教程[M]. 北京：人民交通出版社,2012.
[11] 吴娇蓉. 交通系统仿真及应用[M]. 上海：同济大学出版社,2012.
[12] 吴兵,等. 交通管理与控制[M]. 北京：人民交通出版社,2015.
[13] 徐建闽. 交通管理与控制[M]. 北京：人民交通出版社,2007.
[14] 王珊,等. 数据库系统概论[M]. 北京：高等教育出版社,2006.